五彩校园文化艺术活动丛书

五彩
校园

校园阅读类活动指导手册

石岚君 ◎编著

吉林出版集团股份有限公司
全国百佳图书出版单位

前言
PREFACE

在党和政府的要求下，长期以来，学校文化艺术活动作为学校教育教学工作的一个重要组成部分，不仅是广大青少年建立兴趣爱好和成材的重要途径，而且是学校德育工作发挥巨大作用的主要因素。营造丰富多彩的校园文化，为广大青少年开拓广阔的成材之路，这是加强素质教育的要求，也是培养青少年未来实现中国梦想的要求。

学校开展形式多样的文化艺术活动，能够使广大青少年达到开阔视野、陶冶情操、增长才智、提高素质、沟通人际、适应社会以及改善知识结构和掌握实用技能等方面的效果。在这些文化艺术活动中，广大青少年通过接受不同形式、不同内容的有益教育，能够起到潜移默化的作用，这对造就和培养有理想、有道德、有纪律、有文化、适应中国复兴和实现中国梦的新一代人才有着十分重要的作用。

因此，越来越多的学校对于开展丰富的文化艺术活动和营造浓郁的校园文化环境给予了越来越多的投入和努力，学校里的音乐队、合唱团、舞蹈队、书画社、兴趣小组等，简直琳琅满目。因此，校园文化艺术活动的组织策划与指导就显得十分重要了。这就需要坚持先进文化的正确方向，以育人为根本目标，努力发展符合实际需要、并为广大师生喜闻乐见，且具有实效的校园物质文化和精神文化体系，真正营造五彩校园的文化氛围。

为此，根据党和政府有关政策和部门的要求以及国内外最新校园文化艺术的发展方向，特别编撰了《五彩校园文化艺术活动》丛书，不仅包括校园文化艺术活动的组织管理、策划方案等指导性内容，还包括阅读、科普、歌咏、器乐、绘画、书法、美化、舞蹈、文学、口才、曲艺、戏剧、表演、游艺、游戏、智力、收藏、棋艺、牌技、旅游、健身等具体活动项目，还包括节庆、会展、行为、环保、场馆等不同情景的活动开展形式等，具有很强的系统性、娱乐性、指导性和实用性。

本套丛书适当配图，图文并茂，设计精美，格调高雅，不仅是广大学校用于开展丰富文化艺术活动的最佳指导读物，也是大中小学学校领导、教师，在校大中小学学生、研究生、博士生以及有关人员学习的最佳实用读物，还是各级图书馆珍藏的最佳版本。

目录
CONTENTS

N01. 校园阅读活动指导

N02. 读书的方法与作用

N03. 阅读能力的提高与技巧

N04. 阅读理解的技巧与范例

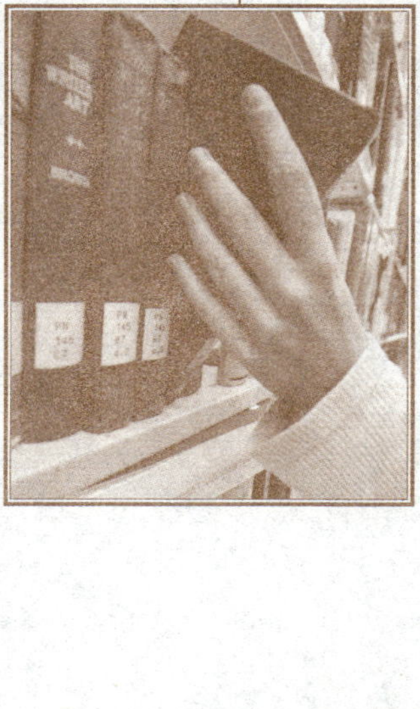

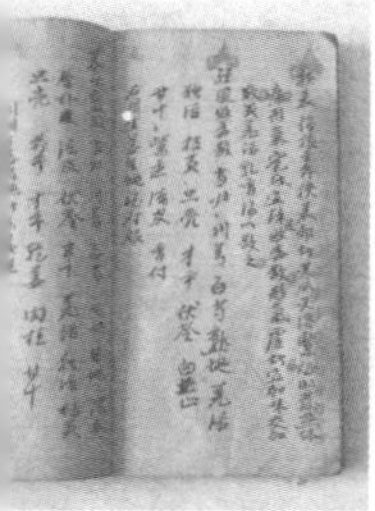

NO1.校园阅读活动指导

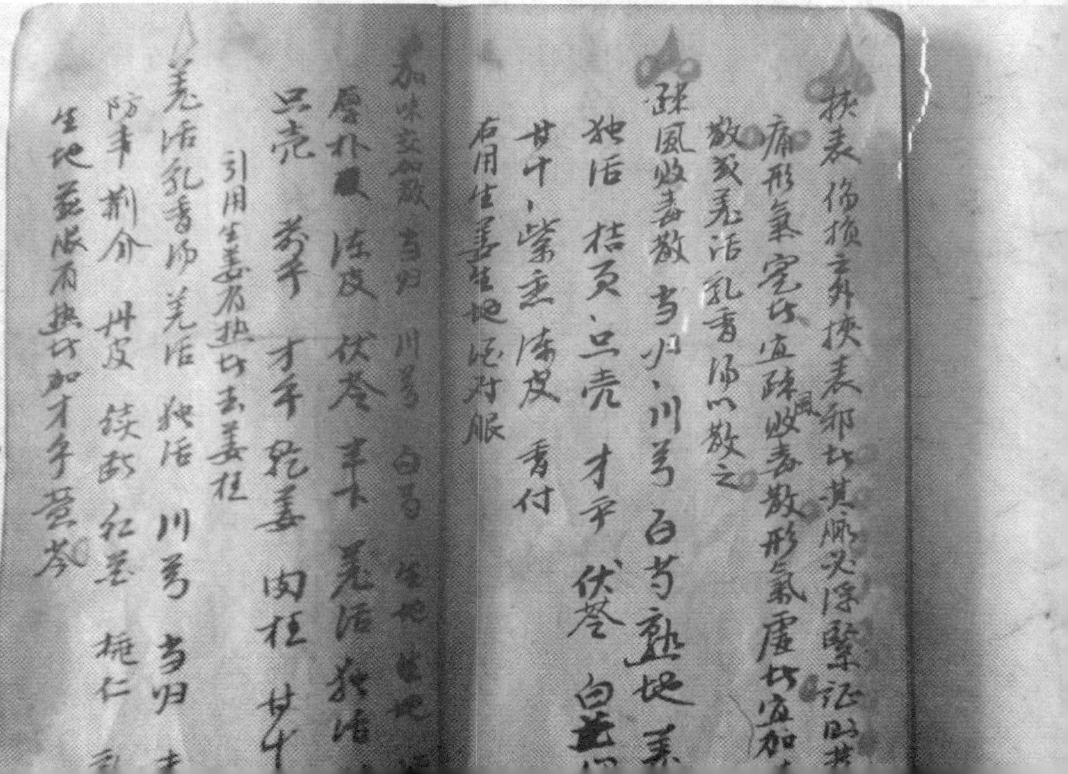

图书的起源与发展

图书的起源

图书是记录语言的，语言是用文字表达的。没有文字就不可能有书。文字是怎样起源的呢？那是在远古时候，文字还没有产生，人们只能依靠语言来表达思想和传达消息。

但是，声音不能传得很远，也不能保存和记录下来，人们需要交流思想，需要积累和传播知识，为了达到这个目的，就只有靠口传记忆了。

可是，时间长了，事情多了，就会忘记，就会记错，那怎么办呢？我们的祖先为了补救这个缺陷，曾经创造了许多帮助记忆的方法，其中最重要的是利用实物来唤起记忆，这就流行了“结绳记事”、“刻木记事”和“堆石记事”等各种方法。

“结绳记事”就是在绳子上打结，用结子的大小、多少和位置来表示不同意义。后来，这种记事方法在汉族中绝迹了，可是在我国兄弟民族中，如云南的傈族、哈尼族，台湾的高

山族等，都还有这种结绳记事习惯。除了结绳，刻木记事也非常流行，就是在木头上刻上许多不同符号来表示不同事物。

这种结绳和刻木是帮助回忆记事的符号，是书的前身，但还不算文字，如果要说“文字”，就是以后发展起来的“图画文字”。

我们的祖先把从事生产劳动，与周围环境有着密切关系的事物画在他们所居住的洞穴壁上。在我国周口店山顶洞以及法国、西班牙的深山古洞中，都发现和留存着旧石器时代人们所绘的画，这些画画得很逼真，使人一见就知道是什么意思。

后来，人们就慢慢地只用几根线条来组成一个大概形似的轮廓，把原来复杂细致精确的图画，简化为一定形式的图案符号，使人看到这个符号，就能知道代表的是什么事物，这么一来，这些简化的原始文字符号就和语言有了意象关系了，以后就逐渐地用它来代替语言表达思想，进而交流经验、传播知识等，这样便出现了原始的图画文字了。

这种图画文字，起初是很不统一的，有繁有简，后来就有人进行整理、统一和简化，也使书写方便了。在当时，整理创造文字的人很多，这里要说的就是传说中的仓颉造字。

在我国古代，曾有这样记载，说仓颉长有四只眼睛，非常聪明，生下来就会写字。他上观日月星辰，下看山川鸟兽，仓颉就根据它们的形象，创造出了文字来。

历史上是否真有仓颉这个人呢，这就很难说了，这都是根据传说和古书的记载流传下来的。不过，传说仓颉长有四只眼睛，文字是他一人创造，这是不符合事实的。因为文字是劳动人民经过长期社会生活共同创造的，仓颉只不过对文字进行搜集和整理罢了。

关于我国图书的产生，还有一个近似于神话的传说，就是《河图洛书》的来历问题，我国最早的古籍《尚书》中具有记载。有人进一步解释说：

伏羲统治天下时，有龙马从黄河出现，背负“河图”；有神龟从洛水出现，背负“洛书”。

伏羲根据这种“图”和“书”画成了八卦，就是后来《周易》的来源。我们后来所见到的《河图》、《洛书》，是由一系列的神秘符号所组成的数字方阵。它们是经过周、秦、汉几代儒生方士们之手加工后的形态，其原始面貌已无法知晓了。

有人认为，它是古代游牧民族所画的立体的天象图；还有人认为，它是由自然界的天然痕迹龟甲发展而成的抽象符号，是我国第一部图书，并认为《河图》与《洛书》在中华文明史上曾起到了重要的启蒙作用。

华夏文化的源泉也可以说就是“河洛文化”，而《河图》《洛书》)则是河洛文化的最初的基础，它所建立的辩证思维的模式，对后世的思想、哲学、文学和科学都有重要的影响。

传说和神话并不是历史，但它是历史的产物，在一定程度上反映了历史。为此，我们可以得到这样一些启示：在文字发明以前，就先有了图画和一些简单的符号作为传播信息的工具。我国文明的最早发生之地是在黄河、洛水一带的中原地区。

有了文字，就有了创造书籍的基本条件。当然，并非从有文字开始就有了书籍。人们最初利用文字，不过是用来弥补生活劳动中语言的不足，促进思想感情的交流和信息的传递，借以唤起共同的行动。当人们开始有意识地将文字刻写在各式各样的材料上，借以记录经验，阐述思想，并使之传播久远的时候，书籍便开始出现了。

我国书籍最早出现于何时，很难作出较准确的结论。我们还未发

现夏朝的文字和文献实物，根据其它文献判断分析，很可能就是在夏这一历史时期，即公元前21世纪至16世纪，完成了由文字到文献典籍这一历史性的转变。

图书的发展

1.甲骨文的书

早在3000多年前的殷代后期，就出现了有关占卜吉凶的书。当时纸尚未发明，人们就地取材，以龟甲和兽骨为记录材料，把占卜的内容刻在龟甲或兽骨上，这就是最早的图书，也就是甲骨的书。

甲骨文的内容，即卜辞它涉及很广：有天象，如日蚀、月蚀、晴、雨、风、雪等；有定期的预测，如卜旬、卜夕等；有预测即将发生的事件，如旅行外出、渔猎和战争；有生、死、病、梦等人事的休咎及对祖先、神灵的祭祀等。

2.青铜器上的饰纹

青铜器上常有平雕的各种不同的花纹、浮雕、半浮雕的各种装饰等，它具备特有的历史面貌和时代风格，在一定程度上反映了当时的工艺美术特征。

青铜器的艺术装饰大多采用动物的形象，自然界中的动物，其中有许多与人类的生产、生活关系极为密切，如鱼、蛙、龟、蚕、羊、牛、象、鸟等。

在各种动物纹样中，最具特色的是兽面纹，流行于商代及西周早期。这种动物饰纹的重要特点是：眼睛巨大，凝视，大嘴咧开，口中有獠牙或锯齿形牙，额上有一对立耳或大犄角，并有一对锋利爪子。

这种形象以表现动物的头部特征为主，这类饰纹旧称饕餮纹。

据古代神话传说，饕餮是神人缙云氏的一个凶恶儿子，它非常贪吃人类，直到把人塞在口中，但无法咽下去，终于害了自己，变成了有头无躯的怪物。古代儒生说，周朝鼎中有这种饰纹，其目的是让人们知道因果报应的道理。宋代学者把这种表现动物头部的纹物称之为饕餮纹，一直沿用着。

3.石头的书

在古代，石头也用来作为书写材料，甚至将整篇作品或整部著作刻于石上。由于刻石的兴起，出现了拓印枝术。在石面上所刻的字，都是正面凹入，是先将一张薄纸用矾及白芨水浸泡，贴在刻石的表面。再以软刷将纸刷匀，再轻轻捶打，将纸嵌入铭文的笔划之内。待纸干后，以细布包裹棉花做成的拓包，蘸以墨汁，将它在纸上均匀捶拓。然后再将纸剥下来，便得到了相同的复本。这一操作过程叫“拓”，用墨汁者称墨拓，用红颜料者谓朱拓，单张的叫拓片，装连起来的叫拓本。

从许多记载中可以得知，唐代宫廷中还有专司拓印的“搨书手”。拓印技术源远流长，千余年来一直是一种文献复制技术。拓本成为一种图书类型，后期的主要作用已不再是传播知识，而是书法艺术借以流传的一种特殊类型的图书了。书法爱好者可从拓本中掌握古代著名书法家的技法和艺术。

4.简牍的书

在纸发明以前，简牍是我国书籍的最主要形式，对后世书籍制度产生了深远影响。直到后来，有关图书的名词术语、书写格式及写作方法等，依然承袭了简牍时期形成的传统。

简牍是对我国古代遗存下来的写有文字的竹简与木牍的概称。用竹片写的书称“简策”，用木版写的叫“版牍”。超过100字的长文，就写在简策上，不到100字的短文，便写在木版上。写在木版上的文字大多数是有关官方文书、户籍、告示、信札、遗册及图画。

由于文字内容有异，其称谓也不一样：军事的文书叫“檄”；用于告示者称之“榜”；将信写于木版，然后再加一版叫作“检”；在检上写寄信人和收信人的姓名、地址叫作“署”，这就是信封的起源；将两版合好捆扎，在打结的地方涂上粘土，盖上阴文印章，在粘土上出现凸起的字，这就是“封”，使用的粘土叫“封泥”；由于写信的木版，通常只有一尺长，故信函又叫“尺牍”。

用于简牍的书写工具有笔、墨、刀、削等。简牍上的文字用笔墨书写，刀的主要用途是修改错误的文字，并非用于刻字。先秦简牍，多用古文、篆文，秦始皇统一全国后，通行隶书，字体变圆为方，于是公文、信函多用隶书。

简是古代书籍的基本单位，相当于后来的一页。一枚简牍称为简，常写一行直书文字。字数较多的，写在数简上，编连在一起，称之“册”。长篇文字内容成为一个单位的，叫作“篇”，一“篇”可能含有数“册”。

5.缣帛的书

竹简虽然廉价，制作十分方便，但这种笨重的书籍携带不便，而且每简容字有限，编简成册的长篇著作一旦散乱，则会发生“错简”，再说简牍的编连所用的丝带、麻绳、皮带容易被磨断，使阅读带来困难。

缣帛是丝织物，轻软平滑，面幅宽阔，易于着墨，幅的长短宽窄可以根据文字的多寡来剪裁，而且可随意折叠或卷起，收藏容易，携带方便，可以弥补简牍的不足。因此，帛书与简书并存，共同构成我国古代独具特色的简帛文化。

图书的历史与演变

图书的历史

人类许多伟大的创造，大都经过漫长岁月的发展过程，并聚合无数人的心力，时刻成长、壮大，图书也不例外。以我国为例，它至少已有三千五百年以上的发展历史，其间人们所投入的智慧与劳力，更无与伦比。图书经过不断的创造改进，才有今天的面貌。大体上来说，历史上除了某些为特殊目的所制作的图书之外，书籍的发展略有脉络可寻。

最早人们的交往，在彼此示意之时，可能只借手势或音量作为媒介。后来，从经验的累积，进而确定一些固定的音节，来代表某种特定的意义，于是人类跨出了有声无言的时代，迈入到有言无文的社会。

有了语言，人类往往借助于记忆力，把听到的话牢牢记住，再对别人复述出来，或将心中的理想、个人的经验，借语言加以传播。这种目的及办法，与日后图书的功能相

近，因此，可以称之为口传的活书。

人类的记忆到底有限，有时更会走样，口传的活书，必然有许多缺陷。于是，聪明的人类发明了许多帮助记忆的方法，其中最富代表性的便是结绳。以结绳的大小、松紧、多寡及涂上不同颜色等方式，来表示各种不同的意义，称之为绳书。

绳书能传到远方，也能长期保存，比起语言，自有某些长处。然而终因其式样变化有限，无法满足快速进步中人类社会的需要。于是，人类再着手改进，从模仿天性里描绘外界形像加以简化，使之蜕变成为简单的图像，再用它来做为意象的符号。这种图画，已有文字的雏形，一般人称之为文字画。之后，经过多次改良演进，渐渐成为定型的象形文字。又经过长时期的发展，终于成就了无数的字体，供人们应用。

文字的出现，既为人类文明开拓了崭新境界，也为书奠定了坚实的基础。

我国的记言文是在记事文之前发展的。商代甲骨卜辞大部分是些问句，记事的话不多见，两周时期的金文也多以记言为主。直到战国时代，记事文才有了长足的进展。古代言文大概是合一的，说出的和写下的都可以叫作“辞”。卜辞我们称为“辞”，《尚书》的大部分其实也是“辞”。这些辞都是当时的“雅言”，就是当时的官话或普通话。但传到后世，这种官话或普通话却变成了诘屈聱牙的古语了。

有了文字，首先需要寻找写刻的材料。最早的书写材料都取自于自然界，如石块、树皮、树叶、兽皮、兽骨及动物的甲壳等，但这些材料各有缺陷，都无法充分发挥文字的记录功能。春秋战国时代，知识日渐普及，著书立说大行其道，为适应这一需要，简书和帛书相继产生。

“简”是用竹或木制成狭长的条片，书写时，由上而下，一片一片接续下来，然后再依顺序由右而左的排列，并以绳索加以编连，这样一部著作，便能连贯而完整。帛书是丝织品写成的图书，由于帛柔软又轻便，携带及阅读都非常的便利。只是简书笨重，帛书昂贵，都不利于知识的普及及图书的长期发展，因而人们又发明了纸张来取代它们。

纸的出现，约在西汉时期，史书正式的记录是公元105年。由于纸张具有轻柔及低廉的长处，因而很快的成为生产图书最主要的材料。纸出现以后，虽然解决了图书生产方面的许多问题，但是生产图书，还是停留在逐字逐本的抄写阶段，既费时又费力，还是欠缺方便。人们遂从长期使用印章和捶拓碑碣文字的经验中，启发了雕版与印刷技术的结合使用，终于发明了便捷快速的生产图书方法。

雕版印刷术约在初、盛唐时代出现，由于它是手工业时代生产图书的好方法，因此很快被推广使用，成为五代、两宋时期生产图书的主力。为了使印刷技术更便捷与美观，宋仁宗庆历年间又有人发明了活字排版印刷。而元朝末年，更进步到彩色套印的印刷领域。从此之后，印刷技术不但成熟周全，印刷成品更是鲜丽动人。

图书除了文字、纸张、印刷之外，如何装潢？这也是要件之一。自竹木简策之后，我国图书的装潢技巧就不断的改良提升，其演进的方向，大都遵循简便实用、美观大方的原则。历代以来，图书装潢的形制约有卷轴、册叶、经摺装、蝴蝶装、包背装、线装等多种演进过程。

近代的图书，虽然采用机械操作装订成平装、精装等形式，但有些影印出版的古书，还常用线条来增加古意，颇能引发思古之幽情。然而无论生产图书的方法如何改变，其基本原理都脱离不了旧日的方式。今日制版、印刷、造纸等制作图书的要件，可以说无一不是从国人旧有的发明中蜕变而来的。

书籍制度的演变

概括而言，我国古代书籍制度主要分为三大类，即简牍制度、卷轴制度和册页制度。这三种书籍制度大体上代表不同的历史时期，但也有交叉。

1.简牍制度

简牍制度是我国最早的书籍制度，对后来书籍形制的发展有很大影响。简册形制的书，其编连长度要视书籍内容的长短而定，但如果太长，抄写、阅读和收藏都不方便，因此就需要分成若干“篇”。每一篇往往是由若干支简编成的一册，然后合为一书，如《论语》二十篇、《孟子》七篇等。

2.卷轴制度

卷轴制度书籍包括帛书和纸卷书两种形式。继简牍和帛书之后出现的书籍形式是纸写本书籍。由于纸张的发明和推广应用，为人类找到了一种最理想的书写材料，这对于促进书籍数量的增加和推动社会文化的发展，具有开创性的历史意义。

虽然在西汉中期就发明了纸张，但是普遍用纸作为书写材料，仍经历了几百年的发展过程。西汉的纸质量还很粗糙，难以用作书写材料。蔡伦于东汉和帝永元元年，即公元105年，造出了质量较好的纸，纸张才开始作为书写材料。

但是由于人们的习惯势力，简牍和锦帛仍被看作是正统的书写材料，纸张仍未被广泛地使用。除了人们的习惯势力外，当时纸的产量有限，质量也不高，也是重要的原因。但是，当时纸的价格毕竟比锦帛要便宜得多，一般中下层知识分子，由于无力用锦帛书写，多采用纸张。

3.册页制度

唐代发明雕版印刷之时，书籍形制渐渐地由卷轴向册页过渡。唐

代后期出现了经折装、旋风装，不过也有的书籍还用卷轴。所以早期的雕版印刷书籍，不像后世那样单独成页，而是用比后代书版长而窄的长条形木版来刻字印刷，再把印好的印张粘连起来，卷成卷子或折叠成经折装、旋风装。

折叠形制的书籍，阅读或查检虽比卷轴方便，但折叠处容易断裂，断裂后整册书就变成了一张张的散页，容易弄乱。于是有人想到，既然卷轴和折叠形制的书籍本来就是由一张张的印张连接而成，为什么不可以直接用印张来装订，不再粘连呢？大约从五代时期开始，人们便开始采用散页装订的形式了，首先是蝴蝶装，后来改用包背装，最后是线装。蝴蝶装出现以后的散页装订书籍，彻底改变了沿续1000多年的卷子式样，是我国书籍制度上的又一次革命。其方法经过不断的改进、革新，一直沿用到今天。

图书的种类与保养

图书的种类

1.教科书

教科书是按照教学大纲的要求编写的教学用书，又称课本、教材。按使用对象可分为小学教科书、中学教科书和高等学校教科书三大类。大学教科书内容较为专深，有较高的学术参考价值，常受到各类图书馆的重视。

教科书一般不是原始研究成果，而是对某学科现有知识和成果进行综合归纳和系统阐述，较少做新的探索和提出一家之言。教科书在材料的筛选、概念的解释、不同观点或学派的介绍，以及学科知识的综合归纳、分析论证和结论等方面，都应具有全面、系统、准确的特征。教科书一般都要经过教育部门审定，经过试用、修订，然后推

广使用。

中小学教科书一般强调规范、标准和统一。高等学校的教科书则允许有多种形式，除统编教材外，还可有自编教材。教科书在编排结构上层次分明，按知识体系循序渐进地安排内容，便于学生逐步、系统地接受和掌握知识。

高等学校的教科书一般还列举和推荐相应领域的重要文献，提供丰富的书目信息。

2.佛书

佛书指与佛教有关之典籍，又叫佛典、内典、妙典。反之，佛教以外的典籍称为外典、世典、外道书、外俗书。妙典是尊称，尤指一宗所依之经论。随着佛教史的展开与传播地域的扩展，佛书也渐次扩大其内容。

佛书通常指所有有关佛陀教说之经论典籍，广义的佛书则包括经、律、论三藏及其注疏、各宗之典籍、史传类、大藏经目录、词汇、行事、寺志及地志等，乃至于依据佛教所写的故事、小说、戏曲、随笔、歌谣等佛教文学。

3.竹皮书

把除去竹心的薄竹皮用火烤过，再刻上文字即成，类似我国的竹简。目前在印度尼西亚的一些地方，还可以买到一串串像百叶窗的竹皮书。

4.树叶书

在印度、缅甸等国的一些佛教寺庙里，至今保存着这种书。当地人把棕榈、椰子的树叶切齐晾干，两面抄上文字，装订成册，可以长期保存。

5.钢片书

在巴西的圣保罗广场上，陈列着一部钢片书，共一千余页，重量达三千公斤，全部由不锈钢片制成，上面记载着这座城市的历史。

图书的保养

1.防老化

书籍的老化变脆，并不在于存放时间的长短，而在于如何处理好书页所含的酸性物质。有人发现，欧洲在15世纪出版的一些书之所以至今仍然保存完好，是因为那时的纸是用棉麻布头制成的，酸碱度为中性，并含有防止酸生成的碳酸钙。

现代社会中书籍的发行量极大，用棉麻造纸显然不可能，因此大都以木材为原料。纸中的植物纤维受到酸性水解便会失去强度和粘合力，而纸中的酸主要来自于给纸上浆的硫酸铝。当纸开始受潮时，硫酸铝开始产生硫酸盐和水合氢离子，最后形成酸性物质，把纸侵蚀掉。污染空气中的氧化硫和氧化氰也会同水分或植物纤维本身反应生或酸性物。

因此，防止书籍老化变脆，主要是除去纸中的酸。现在最常采用的方法是把书放在碳酸氢镁或碳酸氢钙溶液中浸润，然后晾干。这样做，可以去除纸中的酸，并防止以后再发生酸反应。

2.防虫

书籍上有时会生长小虫子，严重危害了书的使用寿命。防止生虫可以参照下列方法。

（1）藏书的地方要清洁干燥，通风良好；书架、墙壁或地板上都不要有裂缝；

（2）藏书处的温度应该经常保持在6到20度之间，湿度应该经常保持在百分之50到60之间；

（3）收藏的书籍要经常挪动一下，即使是不常用的书籍，也应该定期翻动；

（4）在书架上或书柜中，可以放些包好的卫生球。

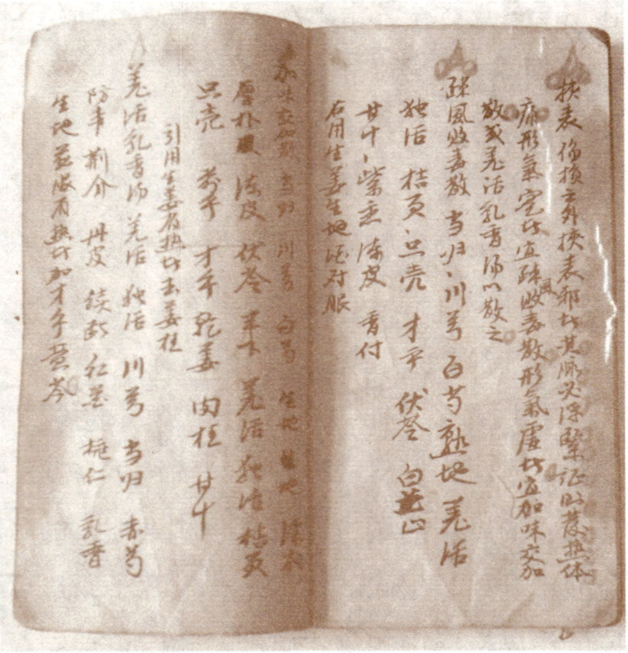

3、除污

书籍沾染污迹，不仅会缩短书的寿命，而且还会影响看书的效果。除污的方法有以下几种。

（1）除油迹：在油迹上放一张吸水纸，用熨斗轻轻地熨几遍，便可以把油分吸尽。也可以用几滴汽油和氧化镁的混合剂擦除。

（2）除墨水迹：在染有墨水迹的书页下边，先垫一张吸水纸，再用百分之20的双氧水溶液或高锰酸钾溶液浸湿污斑，然后在书页上边放一张吸水纸，并压上重物，等干后墨水迹就会消失。如果用高锰酸钾溶液时有褐斑，可以再用草酸或柠檬酸溶液除去。

（3）除霉斑：用棉花蘸上氨水，轻轻地在霉斑上擦拭，至除净为止。

（4）除手指印：先用肥皂蹭去手指印，再用湿布擦去肥皂迹，最后在书页间衬上吸水纸，把水吸干。

（5）除苍蝇便迹：用棉花蘸上醋液或酒精，在苍蝇便迹上轻轻擦试，至除净污迹为止。

校园阅读活动的组织

培养教师读书

读书会让教师更加善于思考，更加远离浮躁，从而让教师更加有教育的智慧，让教育更加美丽。

教师的专业成长离不开学习，而读书是最为重要、最为有效的学习方式和学习途径。古人云：黑发不知勤学早，白首方悔读书迟。如果知识不是每天在增加，就会不断地减少。

1.读书，使教师成为教育专家

教书匠、教师、教育专家是有质的区别的。只能因循守旧，依据教材传经者，是为教书匠；能操控教材，合理引申、阐发，加以授业者，是为教师；而能源于教材，因材施教，学以致用，授业解惑，导引他人，并能自我不断进步，把已经验行之成文泽被后世者，是为教育专家。

教师读书，便可以提高教师的立足点，让教师站在更高的高度看问题，从而真正掌握所教内容，举一反三。书本是前人智慧的结晶，读它，我们便能像牛顿说的那样“站在巨人的肩上”，自然可远眺、可高瞻、可远瞩。

2.读书，使教师成为博学家

学到老，活到老。学习不但意味着接受新知识，同时还在修正错误乃至对错误有更新更深刻的认识。博古通今，教师便能开阔视野，成为鲁迅先生所提倡的“杂家”。琴棋书画样样通，教起书来显轻松。苏霍姆林斯基曾说：对这一节课，我准备了“一辈子”。这“一辈子”，其实就是教师每天不间断的读书。正可谓：潺潺小溪，每日不断，注入思想的大河。

3.读书，使教师成为哲学家

书是人类进步的阶梯。一本好书尤如一个好的导师，教你如何做人，做一个有益于自己、有益于社会的人。教师读书，用书慰藉心灵，摆脱悲哀和痛苦的羁绊，使教师逐渐抛弃功利，不以物喜，不以己悲，则教师的教书生涯便会充满活力、充满欢乐、充满思想。

由此出发，教师正确的世界观、人生观、价值观便得以形成、发展。通过读书，教师还会增强社会责任感，逐步理解理想与现实、认识与实践、联系与矛盾等等的真正内涵，挖掘出教师自己职业中的内存魅力，成为一个不唯书、不唯上、唯求实的哲学家。

4.读书，使教师成为改革家

教育发展源于教师的创新，源于教师群体对教育规律的探索与利用。读书的过程就是与世界交流的过程，一个从狭隘走向广阔的过程，一个由低级进化到高级的过程。教育改革是教师必备的基本功，是教师作为人类灵魂工程师的份内事。教师读书，读得多了，实践得多了，就会产生出新的教育观点、教育理念，并通过反复实践，终究会成为教育改革的旗手，推动教育事业的迅猛发展。

5.读书，使教师成为心理学家

读书令人紧跟时代步伐。教师读书，不但能紧跟时代，更重要的是紧跟学生发展的实际，更要关注学生、了解学生、贴近学生。书籍是一所学校，教师在这所学校里进修、深造，感受着一股催人奋进的力量，教师便能保持清醒的头脑，用理智、用智慧去寻求修身养性、韬光养晦的教育技巧。特别是一些专业心理学、教育学书籍，其本身就提供了很多行之有效，值得借鉴的经验，所以教师读后就更能对人、对学生有更深的认识，发掘出学生心理，找到解决学生心理问题，引导学生心理发展的方法，成为一名当之无愧的心理学家。

总之，读万卷书行万里路。教师读书，提高自身综合素质，得益的是自己、是学生、是国家、是社会。教师多读书，必将促进教育事业的快速、健康、有序的发展，使教育真正面向世界、面向未来、面向现代化。

教育孩子读书

有一句话说的好，叫“条条道路通罗马”，教育是件复杂的事，也是具有不可复制性的，但其中一些道理大家也可借鉴。

1.为人教育

武术高手都说“学武先学做人”，即德的教育。实际上为人不正，做什么也做不到真正的高水平。比如，孩子从小就知道没后门办不成事，有后门学习差点也可以进好学校，将来也可以有好工作，他怎么能去用心读书呢？为人教育实际是最难的，同时也是最容易的。

首先是身教，你孝敬父母，孩子自然会孝敬你；你待人宽厚仁慈，孩子也会宽厚仁慈；你凭真本事吃饭，孩子自然会去学真本事。

其次是言教，社会上的不良现象处处都有，甚至自家也难免有些送礼、收礼之类的不良情况，都要跟孩子讲明道理，让他知道那是不对的，即便是父母不得已做了也是不可仿效的。当然对好的现象和榜样更要多讲。

再就是管教，你再身教、言教，孩子做错事情，甚至向危险的方向走去，那就不得不用这最后一招去严管。

2.严管与真爱

谁不管自己的孩子，谁不爱自己的孩子？但两者结合就不好做到了。严要严到孩子真怕你，你严令禁止的事他不敢偷偷去做；爱要爱到孩子真爱你，你的冷暖他都记在心里，他有什么心里话都愿同你说。如果做不到这样，当面怕得要死，回头就另一套，还有什么用呢？或者怕你像见阎王，说让他怎样就怎样，可他想什么你都不知道，还怎能有的放矢的教育呢？太松了不能保证教育的有效性，太严了又不利于孩子的心理成长。只有把严管与真爱有机的结合起来，才能收到最满意的效果。

3.培养读书习惯

如今的学生，尤其是中学生，他们以“学业忙”为借口没有时间去读书，在这个充斥着“拜金主义”的社会里，就连学生都受其毒害，不能安心读书。所以教师应该让他们在头脑中认识到读书的重要意义和时代意义，不论是从个人修养、经济利益，还是从未来发展方面，无疑都起着非常隐性的重要作用，它会不知不觉地让你体会到知识给你带来的欢乐、自信和征服。古今中外有多少人不是在书中获取营养，使自己达到科学的最高峰，又有多少人不是在书中学习本领，把自己变成精神的享受者。

中学教育对一个人来说是重要的基础，常常对一生的成长产生深远的影响。许多著名的科学家、学者都是在中学时期就确立了终生从事的目标。陈景润在中学时就决心献身数学，周仁在中学时就立志于研究中国的古陶瓷。因此，对于中学生而言，在广泛涉猎的基础之上，选择一两个“中心兴趣”进行大量的、较为深入的阅读，一定能够收到事半功倍的读书效果。

4.培养读书兴趣

读书是一种高雅时尚的事物，每个人的思想深处都渴望读书，也都愿意读书，那为什么在我们的身边却总有些人一拿起书来就会头痛呢？还有一些人只是在无聊的情况下为了打发时间而看书呢？还有一些人只是为了追求时髦而看书呢？这些现象的主要原因就是在读书的初期没有养成良好的读书兴趣。

说起读书，我们从学生时代就已经开始了，在那时我们对书只是做着被动的接受和阅读，所以，在思想深处会产生一种对读书的强迫性和压抑感。

我们都知道，人的成长是分成不同阶段的，学生时代读书是为了掌握良好的基础知识，而掌握良好基础知识的主要目的，就是为了让我们更好的去适应社会实践的需求，而基础知识又无法直接转化为指导我们社会实践的方法。

为了尽可能的缩短基础知识向社会实践方法的转变，我们只有把这些基础知识通过前人留在书籍里的经验，来转化为可指导我们社会实践的有效方法。从这个角度来分析，我们就很有必要养成一种良好的读书兴趣，来快速准确的转化书籍里的知识，并为我们所用。

读书的过程其实就是认识自我和自我完善的过程。要养成良好的读书兴趣就要对自己的思维状况有个明确的认识，要选择一些通俗易懂的书来读，要选择一些独立的简短的文章来读，最重要的就是要选择一些与自己思维能力同步，且与生活联系较大的短文来阅读，这样一来，在读书的初期基本上就可以养成良好的读书兴趣了。

赵洪璋
1913—1994

NO2.读书的方法与作用

合理安排读书时间

马克思说："时间是人类发展的空间。"在当今社会，时间比过去任何时代都更为宝贵。会不会管理时间，是判别一个人是否成熟的重要标志之一，那么怎样科学管理时间呢?

节省时间

"一切节约，归根到底都归为时间的节约。"要想从时间中节约时间，可以从以下几个方面入手。

1.安排时间先问三个能不能

（1）能不能取消它：一个人的时间和精力是有限的，不可能什么

都去做。所以，节制一下过于广泛的兴趣、过于广泛的交友是十分必要的。对那些完全不必去做的事，不必见的人，应该决然取消，对做不做无妨的两可间的事情，为了节省时间，也可不予安排。

（2）能不能合并起来做：把能合并起来办的事、见的人，尽可能合并起来办，做到一举两得，两全其美。比如用洗衣机洗衣时，洗莱、做饭；排队买菜时看报刊杂志；看电视时打毛衣；散步时交谈；旅游时观察等等。

（3）能不能代替它：用费时少的办法代替费时多的办法。一个人能办的事，不要派两个人、三个人去做；了解一部名著的内容和情节，可以看一部电影或一本连环画，而用不着去看原著；利用电视、广播、报刊、电话等传播工具了解信息等。

2.利用时间先抓三个快不快

（1）节奏快不快：调节频率，加快节奏，可以节省时间，提高效率。

（2）动作快不快：动作的快慢决定着所用时间的长短，有一个笑话说：一个闲来无事的老太太，为了给远方的孙子寄张明信片，可以足足花上一整天的时间。买明信片要一个钟头，寻眼镜一个钟头，查地址一个钟头，写信一个钟头，上街投邮又是一个钟头。一个动作迅速的人5分钟可以办完。

（3）进展快不快：我们讲新的时代观念、时间观念和节奏观念，都是为了提高办事的效率，如果一个小时办完了需要两个小时办的事，其进展速度就提高了一倍。在有限的时间内办成更多的事情是很有意义的。

挤时间

鲁迅先生把时间比作海绵里的水，只要挤，总会有的。在快的生活节奏中，在繁忙的工作中，怎样才能挤出时间来呢？

1.化零为整凑时间

要想成为时间的富有者，首先要学会化零为整，善于把时间的“边角余料”和“零碎布头”拼凑起来，充分利用，这就要做到：

（1）切莫小看几分钟。一个叫雷曼的学者说：

> 每天不浪费或不虚度，或不空抛剩余的那一点点时间，即便只有五六分钟，如得正用，也一样可以有很大的成就。游手好闲惯了，就是有聪明才智，也不会有所作为。

一个人的时间无论怎么紧，在等车、理发、做饭、哄孩子中挤出三五分钟时间还是可能的。

（2）空余时间不能丢。晋朝著名书法家王羲之经常利用饭前饭后的时间来练笔，我们每天饭前饭后空余时间也都可以利用。长期坚持下去，就能得到不少时间。

（3）早晚时辰要利用。我国东汉学者董遇，治学善于抓三余：“冬者岁之余，夜者日之余，阴雨者时之余。”他利用这三种空余时间读了好多书，我们如果能多利用点早晚时间学习是最好不过的事情。

2.设法简化生活，腾出空余时间

一个有志于求知上进的人，一般不沉醉于繁琐的生活，也不热衷于迎来送往。

3.善于利用假日，巧妙安排时间

按照国家规定，每个职工每年有节假日110天，加上休假，一年共有130天左右。巧妙利用这整段时间，也就是利用了人生的七分之一。数学家科尔解开“267-1”是质数还是合数的数学难题后，有人问他花了多少时间？科尔的回答是：“三年内的全部星期天。”瞧，这三年的星期天该是多么有意义啊！

培养良好的读书心态

读书是需要心态的。人们读书是为了寻求一种心态，书被人读却是为了获得生命的延续。

大凡读书的人，不论男女老幼，大概可分为两种心态：一种为读书而读书，心无杂念，全身心投入，随书中情节而悲喜，因书中人物而忧乐，真正享受读书的乐趣；另一种浮游于书外，一手拿笔一手拿书，时刻留心好句子、好道理，以备日后自己写作或研究所需，一本书读下来收获亦不可谓不丰。

阅读的成功皆源于心态，把握你的心态，就能开启你心理能量的

宝库。环境不易改变，不如改变我们自己，性格不可以改变，但是心态却可以调整，激发你的潜力，改变你的一生。

纯洁的心境

即在阅读之前把一切芜杂的、混乱的、烦琐的念头全拭去，使心境如一块水晶、一池春水。读书时，将名利、得失、琐事、烦恼等杂念统统排除，令心境清如一泓秋水。这样阅读，印象才会清晰，记忆才会深刻，理解力和吸收力才会更强。

读书，更需要有这种纯洁的心境，唯有如此，才能耐得住寂寞，守得住清贫，经得住诱惑，才可以完成人生的升华，把自己培养成一个博学之士，有用之人。当然人各有志，不能强求，但是无聊之时，手握一卷，于湖边树下，小读片刻，也有趣的紧。疲劳之际，看看武侠，聊聊言情，得一刻轻松，也是人间美事。

安静的心绪

读书时，要心平气和，循序渐进，切忌急躁浮虚、急于求成、浅尝辄止、一知半解。心绪安稳平静，才能克服慌乱和烦躁。这种心境、这种阅读心理要靠教师去创造。有了这种安静的心绪，才能耐得住寂寞，经得住诱惑。

阅读时才会把全部精神倾注在阅读对象上，加强感受器官和思维器官的活力，造成大脑皮层的优势兴奋中心。读书的价值不在于它的功利和实用色彩，而在于修身养性、陶冶情操、增长见识，全面提高一个人的综合素质，“腹有诗书气自华”。在读书这条道路上，决没有“速成”的捷径可走，很多东西需要我们静下心来，长时间地去思考去领悟；要我们潜下心来，踏踏实实感悟一点东西。

乐观的心情

将读书看作一种愉快的享受，一种高尚的娱乐，一种崇高的精神生活，而不是把阅读当作消遣、解闷，或仅当任务来完成，以致压得喘不过气来，甚至带来失落和无尽的烦恼。作为教师，对环境、处境，应该有一种惬意的顺向心理，而不应该有反感的逆心理，应该对生活充满理想、充满热情和信心。

每一本书都是一个小小的梯子，向上面爬着，走到更好的理想的境地，到那种生活的憧憬的路上来了。读书是读者与作者的心灵交融。不识外国字母，却可与伊索、柏拉图这样的哲人交谈，感受他们的智慧；没经历文艺复兴，却可与莎士比亚这样的巨匠交谈，感受他的文学魅力；未到过苏联，却可与列宁、高尔基这样的伟人交谈，感受他们的思想威力。他们不向你索取什么，却给你无穷的乐趣、安慰和鼓励。

渴求的心态

新世纪的人们应具有如饥似渴的求知欲望，咬定青山不放松，在生活中手不释卷，宁静致远，在书海里泛舟遨游，其乐融融。在阅读时的整个过程中，要有一个念念不忘的目的，要有一种如饥似渴的求知欲，要有浓厚的兴趣和爱不释手的感情。教师在阅读过程中，有了此三者，就能变压力为动力，变苦恼为享受，便会产生一种废寝忘食的积极性和棒打不回的意志力。

古人说："世事洞明皆学问。"要做到世事洞明，就必须下一番苦功，以渴求的心态去学习钻研，从而获得真谛。读书要结合自己的工作特点和个人兴趣，把某一方面的专业知识学深学透，"会当凌绝顶，一览众山小"，这样才会产生更加强大的学习动力，工作起来才会更加得心应手。如果今天看到这个新潮就读这个，明天感觉那个热门又读那个，蜻蜓点水一带而过，那么我们就可能始终停留在一知半解的水平上而难以具备真知灼见。

畅通的心路

读书释疑，要求思路畅通，注意从多角度、多方位进行立体反向思维，切忌钻牛角尖，进死胡同。心路畅通，才能及时博采“他山之石”，由表及里去粗取精，及时更新知识结构；才能迅速了解当代最新成果，尽快地站在教改的“最近发展区”，就能左右逢源，得心应手地“跳一跳、摘桃子”；才能既立足现实，又高瞻远瞩；既规行矩步，又瑰意琦行；才能闪念频频，联想翩翩，由此及彼，由表及里，举一反三，触类旁通；才能善于汇集分析各类图书信息，建立反馈和情报流通渠道，打破学科的“壁垒”，把“触须”伸进其他学科之中，建立起学科教学之间的“互联网”，从其他学科中吸取营养；才能善于思索，“爬罗剔抉”、“刮垢磨光”，从而选择出真实准确、新颖实用的有价值的智慧，指导教学各个环节的工作。

好胜的心理

争强好胜长期以来被人们视为一种不屈不挠的斗志和一种积极向上的奋斗精神。看书求知，要争强好胜，永不满足书中已有的结论，勇于探索、开拓、创新。

我们正处在一个变革的时代，现实的生活确实需要好胜的心理：要么胜利，要么成为野兽的午餐。普通人的阅读心理往往是沿着好奇心理→乏味心理→无所谓心理，或者是沿着好奇心理→好胜心理→自满心理，或者自卑心理→无所谓心理的顺序变化的，所以，虽然读了很多书，但心里却如一潭死水。

读书后有了好胜的心理，你的情绪一直处于亢奋状态，其心理大都是沿着好奇心理→好胜心理→探索心理→快慰心理的过程循环往复，在快慰、愉悦中接受、消化知识。我们和优秀的人一起生活学习，对自己既是一种压力，又是一种机遇。

压力使我们深知强中自有强中手，不敢懈怠，总是尽最大的努力做得最好。机遇让我们得以认识自己的不足，学会从别人身上学到自己不曾有的东西。虚心地将别人的优点全吸收过来，“择其善者而从之”，追求卓越，永无止境，挽弓当挽强，用箭当用长。

攻关的心力

学习中遇到问题，要敢于碰硬，知难而进，不要在难题面前绕道走，不达目的誓不休。读书莫怕难，攻城莫畏坚；科学有险阻，苦战能过关。阅读只是一种手段，目的在于利用各种知识进行攻关，进行研究和创新。

有了攻关的心力，就可以由浅入深，由简单到复杂，由低级到高级，由点到面，由实践到理论地整合推进，迎接、跨越挑战。就能够充分挖掘资源，力求有明确的训练目标，有情趣、有重点、有特色，每一个层面的设计要突出、要周到，每一个环节设计的都要流畅自然，层次分明。这样就可以由小到大，由浅入深，由一题到一法，由方法到理念，有了攻关的心力，就可以对阅读而获取的知识闪念频频，联想翩翩，由此及彼，由表及里，举一反三、触类旁通，在科学地运用的同时，创造出自身特色的全新信息，如把自己的心得撰写成论文，拿到报刊杂志上发表，带到会议上交流等等，从而新颖的研究成果受到社会的广泛关注，取得更广泛的社会效益。或把研究策略导入日常工作，联合攻关，以研导学，学研相长，相互促进，相得益彰，同步前进，实现由“工匠”到“行家”的转变。

积极的心志

也许你在读书中遇到了很多困难，可是我们应该看到克服这些困难后的一片蓝天。“积极的人像太阳，走到哪里哪里亮。消极的人像月亮，初一十五不一样。”当某种阴暗现象、某种困难出现在你面前时，如果你去关注这种阴暗、这种困难，那你就会因此而消沉，但如果你更加关注着这种阴暗的改变、这种困难的排除，你就会感觉到自己的心中充满阳光，充满力量。作为教师，只要想读书，什么时候都不会晚。

有这么一个小故事：一个人从一个生性懒惰、办事拖沓的财主手里买了一块地，等到办完一切手续后，已经是四五月份了。邻居告诉他，现在已经错过了春天，除了种些蔬菜之外已经没有任何希望了。这个人经过思考，种了一些生长期较长的谷类种籽，终于获得了大丰收。

因此，只要你有播种的心理准备和耕耘的积极心态，不管任何时间任何地点，你都能够收获希望。积极的心态不但会使自己充满奋斗的阳光，也会给你身边的人带来阳光。积极主动是为了给自己增加实现自我价值的机会。社会、学校只能给你提供道具，而舞台需要自己搭建。演出需要自己排练，能演出什么样的精彩节目，有什么样的收视率，决定权在你自己。

成功人士与失败之间的差别是：成功人士始终用最积极的思考、最乐观的精神和最辉煌的经验支配和控制自己的人生。失败者则刚好相反，他们的人生是受过去的种种失败与疑虑所引导支配的。

敞开的心扉

虚怀若谷，虚心好学，永不自满，孜孜以求，诲人不倦，这也是奠定人生成功的基石。江海不拒细流，方能成其深；泰山不择土壤，方能成其大。只有虚心地敞开心扉，才能有进步，有成就。人无完人，任何人都有自己的缺陷，自己相对较弱的地方。

在读书的现实生活中，唯有虚心的人才能取得真正的成功。凡事都不要把自己看得太高，处事应虚心请教别人，只有低着头的麦杆麦穗才是好麦穗。一个人缺少谦虚就是缺少知识，因此，我们更应该做一个谦虚的人，学十当一，常思己过。

也许你在某个学科已经满腹经纶，也许你已经具备了丰富的教学技能，也许你已经成为教学骨干、教学能手、教坛新星，但是对于新的学生，对于新的课程，对于新的课堂，你仍然没有任何特别。你需要用空杯的心态去重新整理自己的智慧，去吸收现在的、别人的、正确的、优秀的东西。

各行各业都有自己的文化，自己的发展思路和管理方法，只要是正确的、合理的，我们就必须去领悟，去感受，把自己融入到整体工作之中，融入到团队之中。否则，你就永远是局外人。

明确的心志

明确的心志就是说读书要有理想。读书有了明确的心志，才有专一的心力。在读书时，才会精神集中，心情平和，充分调动神经中枢，激发大脑功能，活跃思维，悟有所得。读书要有追求、有目标，最忌朝秦暮楚，见异思迁，好高骛远。

读书没有明确的心志，就好比一只没有翅膀的飞鸟，一台没有马达的机器，一盏没有钨丝的灯泡。有这样一则故事，三位砌砖工人在工作，有人问他们在做什么，他们的回答各不相同，一个说是“砌砖”，一个说是“赚工资”，而第三个却自豪地说：“我正在创造世

界上最富有特色的房子。”正是这位工匠有了这一远大的理想，后来才成为有名的建筑大师，而另两位则一生默默无闻。

这个故事给我们的教益很清楚：人活着要有远大的理想。阅读时的真正欢乐是致力于一个自己认为是伟大的目标。理想是舵，信心是帆，勤奋是桨，成功是岸。有弯曲才有雄壮，有起伏才有波澜。把理想化作舵，把信心化作帆，把勤奋化作桨，把成功化作岸。

培养良好的读书习惯

学会选择

“人生有涯知无涯”，如果把宝贵的人生阅读时用于漫无目标的阅读，无疑也会收效甚微。果戈理的名著《死魂灵》中就有个名叫彼什伽秋的人物，他嗜书如命，什么书都读。结果，由于他毫无选择、毫无目标地阅读，最终还是一事无成。

数学家王梓坤说过，读书要选择。世上有各种各样的书：有的不

值一看，有的只值看20分钟、有的可看5年，有的可保存一辈子，有的将永远不朽。即使是不朽的超级名著，由于我们的精力与时间有限，也必须加以选择。

“读第一流的书”。在浩如烟海的图书文章中，只要经过认真的筛选和比较，你就不难发现，属于某一学科的第一流的代表著作有哪些，只要熟读这些著作，你就可以领略学科的全貌，了解学科的前沿和发展。“读一流学者写的书”。所谓的第一流的学者，是指在该学科领域里最知名、最有权威的科学家、学者。他们站在该学科或研究领域的最前沿，洞察该领域发展源流和发展趋势。读他们写的书，能够全面、准确地了解该学科领域的发展。

要了解“第一流的书”和“第一流作者写的书”，其方法是通过推荐书目了解，或是请老师、家长推荐介绍。

定向阅读

中学生的课余阅读潜力是很大的。有人对中学生的课内阅读量和课余阅读量作过对比统计：初中一年级学生在一学期内所读的各类教科书约70万字，高中一年级学生在一学期内所读的各类教科书共计130万字；而在同一时间内，他们在课余进行感兴趣的课外阅读，阅读量分别可达700万字和1000万字，课内和课外的平均比值为1：9。如此浩大的阅读量，如果我们能确立自己的中心兴趣，按自己的兴趣、目标、能力进行定向阅读，一定会有很大的收获。

掌握方法

列宁读书的速度和理解的深度异常惊人。有一次，一位老布尔什维克见列宁捧着一本很厚的外文书在快速翻阅，便问他要把一首诗背下来需要读多少遍，列宁回答说：只要读两遍就可以了。列宁之所以具有如此强的记忆力，是与他读书过程中的专心致志分不开的。他读起书来，对周围的一切就理会不到了。有一次，他的几个姐妹恶作剧，用6把椅子在他身后搭了一个不稳定的三角塔，只要列宁一动，塔就会倾倒。然而，正专心读书的列宁毫未察觉，纹丝不动。直到半小时后，他读完了预定要读的一章书，才抬起头来，木塔轰然倒塌……

这个故事说明，要想把书读透、记牢，必须高度集中注意力。古人早就说过：“读书有三到：心到、眼到、口到。心不在此，则眼看不仔细。心眼既不专一，却只漫浪诵读，决不能记，记亦不能久也。三到之中，心到最急。心既到矣，眼、口有不到者乎？”因此选择适当的阅读方法是非常重要的。

华罗庚教授把读书的过程归纳为“由薄到厚”与“由厚到薄”两个阶段。他说：“一本书，当未读之前，你感到就是那么厚；在读的过程中，如果你对各章各节又作深入的探讨，在每页上加添注解，补充参考材料，那就会觉得更厚了。但是，当我们对书的内容真正有了透彻的了解，抓住了全书的要点，掌握了全书的精神实质后，就会感到书本变薄了。愈是懂得透彻，就愈有薄的感觉。这是每个科学家都要经历的过程。这样，并不是学的知识变少了，而是把知识消化了。”

伟大的物理学家爱因斯坦总结出的“一总、二分、三合”读书法，可资借鉴。

一总：先浏览书的前言、后记、序等总述性部分，然后认真地读目录，以便概括地了解全书的结构、内容、要点和体系等，这样便可对全书有个总体印象。

二分：在读了目录后，先略读正文，这不需要逐字读，要着重对那些大小标题、画线、加点、黑体字或有特殊标记的句段进行阅读，这些往往是每节的关键所在。你可以根据这些来选择自己所需的内容来细读。

三合：就是在翻阅略读全书的基础上，对这本书已有个具体印象，这样再回过头来细读一遍目录和全书内容，并加以思考、综合，使其条理化、系统化，以弄清其内在联系，达到深化、提高的目的，进一步深入领会初读时所不能领会的许多东西。这一步很重要。人们往往在这一步不得要领时，看过书一扔，便算了事。

一个学生在读书时代读不了几百本书，那能算合格的学生吗？良好的读书习惯对于一个人的个性修养和社会适应能力有着非常重要的作用，让每个学生都有认真读书的时间和兴趣，长期坚持下去，学生就会养成良好的读书习惯，并终生受益。同时不定期的举行一些读书活动或者竞赛，多鼓励学生去认真读书，让学生明白书是知识的宝库，是伟大智慧的结晶，也是人类文明的阶梯。

解放学生的时间与空间，为了学生的发展，引导他们读书吧！

灵活运用读书资料

古今中外，大凡在事业上有建树的人，都善于积累资料。马克思在动手写《资本论》之前，作过摘要的成册书籍就有1500种以上，经系统整理后的笔记就有250多本。法国科幻小说家儒勒.凡尔纳每研究一个科学问题，总是事先收集大量资料。他去世后，人们在他书房中发现他亲自摘录的笔记竟达25万多本。

怎样积累资料

人们常用的积累资料的方法，不外乎以下三种。

1.剪贴报刊

现在报纸、杂志很多，各方面的资料都有。经常剪贴报刊，搜集自己所需要的资料，数年之后就可积累数万以至数十万的专题资料。这是一种花费时间少、简便易行、收效较大的方法。陶菊隐在北洋军阀统治时期，经常剪贴纸上的军政新闻资料，积累大量各派系军阀活动的史料。他的《袁世凯演义》，正是在研究这些资料的基础上写成的。

2、抄录卡片

当我们阅读书报杂志时，随手用卡片或纸片摘录材料，注明作者、书名、篇名、报刊名称、出版年月。卡片积聚起来，再分类储存在卡片箱内或抽屉里。分类卡片按门类、笔画或拼音字母排列，查找起来十分方便。当然也可以按自己研究的课题，设置专题卡片。茅盾在商务印书馆工作时，根据“阅读有所，得唯恐遗忘，赶快写在纸片上”的经验，搜集了大量的资料，为创作《子夜》等名著提供了素材。古人在这方面的例子更多，陶宗仪的《南村辍耕录》是一部学术价值很高的著作，这就是他利用零碎时间积累的十几坛子纸片（卡片）资料整理撰写而成的。

3.背诵重要资料

著名史学家吴晗，强调学古文至少要背诵二三十篇。古代学者能背诵《史记》、《汉书》重要篇章的不乏其人，李白、苏拭等大诗人、文学家，不仅才华出众，而且善于刻苦学习。他们熟读经史和先秦诸子，背诵汉赋，因而写文章作诗赋，用典故才能恰当自如。古人所说“博闻强记”、“过目成诵”，就是赞赏那些记忆力强又善于用记忆方法积累资料的人。

怎样消化资料

资料不仅要积累，还要进行消化。所谓消化资料，就是对资料进行分析研究，经常进行归纳整理。在积累的基础上消化，在消化的基础上积累，如此循环往复，可以使自己的知识逐渐丰富，触类旁通。消化资料有两种途径：

1.写读书笔记

在阅读有关资料时，随手记录自己的心得体会，这是消化资料融会贯通，从而进入创新的起点。古往今来，许多学问家是通过做笔记而成才的。顾颉刚少年时期患神经衰弱症，记忆力不大好，他发愤读书，勤记心得笔记，每天写数千字，他一生留下的笔记有五六百万字之多，后来已整理出版了《史林杂识初编》。

2.系统学习有关学科的专业知识

缺乏系统专业知识，往往看不到资料之间的联系，孤立起来观察资料，只见树木不见森林，只有掌握了某一学科的基础知识，我们才能正确地分析研究自己积累的资料，找出它们之间的内部联系，得出科学论断，这就叫做有了“独到见解”了。

怎样运用资料

积累资料之后，还须善于运用。丹麦天文学家第谷，用30年功夫精密观察了行星的位置，积累了大量的观察资料，由于短于理论分析，得出了“太阳——地球双重中心说”的错误结论。可见，对详细占有的资料还必须进行由此及彼、由表及里、去粗取精、去伪存真的科学加工，才能创新。那么，怎样运用资料呢？这里有三种方法：

1.分析综合法

把大量零散的资料积累起来，作成卡片，编排在一块，运用分析和综合的方法，作出判断。运用分析综合法，常常能从细小的、点滴的资料中把握事物的全貌。

2.比较鉴别法

采用比较的方法处理资料，往往可以抓住事物的共同点和区别点，从而作出新的发现。

3.追根寻源法

一篇有价值的研究论文，往往要提到其他文章或运用其他资料。而有些资料常常是用脚注或附录的形式来说明其来源的，如果我们善于追踪寻迹，就可得到更多的有价值资料或发现新的研究课题。

总之，我们既要重视资料的收集和积累，也要重视资料的整理、消化和运用。

常见的读书方法

二十五分钟读书法

毋庸置疑，读书贵在坚持。历史上的名人，许多是坚持每天读书的。孙中山先生一生酷爱读书，他曾说："我一生的嗜好，除革命之外，只有好读书。我一天不读书，便不能生活。"毛泽东的老师徐特立在学习《说文解字》时，因该书字体以篆体为主，难读难记，便坚持每天学两到三个字。晚上睡觉时，他还用右手指在左掌心里默写几遍，直至写会为止。爱迪生给自己规定，每天要读三本书。斯大林每天日理万机，但他的桌子上总是放着很多书刊。别人问他："您有时间读这些书吗？"斯大林笑着说："无论如何，我每天要读五百页书……这是我的定额"，"这是我在监狱里和流放中学会的"。

每天能有大量的时间来读书固然不错，然而，对于整天

忙于繁杂工作事务的上班族或被繁重的功课压得喘不过气来的学生们来说，要每天拿出两三个小时的整块时间来读书，几乎是无法实现的奢望。在这种情况下，如果能坚持每天用时间的边角余料读一点书，久而久之，也会积少成多，见到成效。这就是本篇将要介绍的“25分钟读书法”。

根据美国心理学家和效率研究专家莱利博士的研究，人能够集中精力的限度是25分钟，如果超过25分钟，就要分散精力。所以，每天拿出25分钟的业余时间集中精力读书，这种方法就叫做25分钟读书法。

心理学实验证明，人们在25分钟的时间里，一般的书可以读20页，约一万五千字。如果每天坚持，一个月就是600页，一年的阅读量相当于读24本300页的书。

但是要切实施行25分钟读书法，并不是没有一点问题。莱利博士曾说，虽然实行了25分钟读书法，但是确实做好的只有最初的几个月，以后就停止了。要想等待以后有25分钟的时间再继续做下去，结果是“明日复明日，明日何其多”。过了一周，甚至于过了一个月，也无法再开始。英国教育家斯宾塞在《教育论》中说：“必须记住我们学习的时间是有限的。时间有限，不只由于人生短促，更是由于人事纷繁。我们应力求把我们所有的时间用去做最有益的事情。”因此，要想改变拖延的恶习，必须下决心在每天早上开始工作前，就争取25分钟的时间来读书。必须养成习惯，每天切实坚持把握住25分钟来读书。那些成就卓著的历史名人尚能在百忙中挤出零碎时间来读书，对我们普通人来说，每天挤出25分钟来，就更应该不成问题了。

对于普通人来说，每天利用25分钟的零碎时间来读书，不仅可以增长知识，而且好处多多，乐趣多多：蒸饭的时候，可以看看小说；欣赏音乐的时候，可以翻阅杂志报纸；打毛线的时候，可以互相“吹牛”、聊天，交换信息，读“无字书”；坐火车、乘轮船的旅途空闲中，可以看看书报……

也许就在这精力集中的25分钟里，你的思维插上了联想的翅膀，天马行空，无边无涯；也许一些奇特闪光的思想、才华横溢的文章、富有灵感的科研设计之类的才情火花，便奇迹般地迸溅出来了。生命在于运动，情思在于动脑。宁静固然利于创作，但乘车坐船时的晃动，似乎更可以达到欧阳修写《醉翁亭记》时的飘然境界，这也许是车船两边不断闪动变化的自然景观所触发的产物。这种“人闲心不闲”的内在活动，填补了人身运动中的时间空白。

如果我们在一天的开始，即使心中很厌烦也耐心地找出时间来读书，当充分享受到上述“零敲碎打”的读书乐趣并逐渐养成读书习惯以后，恐怕“假如有时间再说”之类的借口就不会再脱口而出了。

在一个人的一生中，如果不间断地每天利用时间的边角余料来读书，可以培养多么广泛的兴趣，可以涉及到多么丰富的学科知识。

凡在事业上有所成就的人，无一不是利用时间的能手。

七步读书法

多读书是学好语文的一个重要途径。正如叶圣陶所说“自能读书，不待教师讲”。因而，掌握正确的读书方法对于提高语文学习效率来说颇为重要。下面七种读书方法可供借鉴。

1.文字疏通法

这是读书的第一要务，更是基本功。对于书中出现的生字，生词一定不要放过，而是应追根究底，彻底弄清它的读音，字（词）义。因而读书时应备一本字（词）典在旁，必要时它可以为你答疑解惑。

2.摘录积累法

读书时常会碰到许多优美、生动、意义深刻的语句、段落，这时便可以把它们分类摘录积累下来，留待以后查阅。摘录可以是几句，也可以是几段，不论长短，只要自己认为有益，能与自己情感产生共鸣，便可摘录积累。长期“厚积”方能为以后“博发、致用”打下基础。

3.圈点批注法

读书时可利用各种符号在书上做出标记。如用横线把要点划出来，用着重号把关键词语标出来，用浪线画出中心句，有疑问的地方用“？”，需要注意的地方用“※”。

也可以从内容、结构、语言、写作特点等方面作批注，或分析文章内容，或揣摩精彩语句。文字不在多少，只要言为心声，笔为情动即可，日积月累，作文便可有所借鉴了。

4.编写提纲法

读书时把一篇文章（一本书）的要点简明有序的记下来，就是编写提纲。提纲可以用自己的话来表达，也可用原文句子表达。每个要点前应标上序号，合理安排层次。长期坚持编写提纲，对掌握理清文章脉络、把握文章主旨有很大帮助。

5.自问自答法

读书时一定要边读边思，多问几个为什么？而且最好要自问自答，如实在答不上来，可查阅其他资料，或存疑留待日后解决。自问自答可以从以下几个方面入手。

（1）文章写了什么？

（2）怎样写的（结构和写作技法）。

（3）为什么这样写？（特点）

（4）写的怎样？（欣赏评价）

（5）从中学到了什么？（应用）。如能把以上问题理顺，便能较好地把握文章主旨。

6.联想比较法

为拓展读书空间，拓宽阅读层面，读书时对同类文章（书籍）进行比较阅读是较为实用的方法之一。在吃透一篇文章（一部书）的同时，相关同类文章（书）也应有所涉猎，并进而掌握。这不但能使掌握的知识更加全面，而且更能提高对文章（书）的鉴别、欣赏、评价能力。

7.读写结合法

读完一篇文章（一部书），思想感情上总会或多或少，或深或浅地有所感悟。这时就应提起笔把它们记述下来。可以就事论事，也可以联系实际，写成读后感。写读后感应注意以下几个问题：

（1）要“读”、“感”结合，以“感”为主，“读”是“感”的前提，“感”是“读”的结果。要抓住感触最深的一点透彻地说理。

（2）要联系生活实际。只有联系实际，才能“感”得深，才能悟出新意。

（3）以议论为主，综合运用记叙、抒情等多种表达方式。亮观点、谈体会，要用议论的方式；概述原文内容，结合生活实际，却离不开记叙。

（4）作出结论，申明自己的观点。概括起来说，写读后感可分为“引”、“议”、“联”、“结”四个步骤。读后感写得好坏，是检验对文章理解是否深刻的最有效方法，同时也能提高写作的能力，可谓一举两得。

以上七法，如能长期坚持，一定会提高你的阅读、写作能力，从而提高你的语文综合素养，学好语文将不再是一件难事。

“说三道四”读书法

1.“三余”法

即“冬者岁之余，夜者日之余，雨者时之余。”这是三国时魏人董遇的读书方法。董遇读书善于抓时机、抢时间，他充分利用冬天的农闲时间、晚上的业余时间和下雨天的闲暇时机，手不释卷，孜孜以求。

2.“三上”法

即“马上，枕上，厕上。”这是北宋文学家苏轼的读书方法。苏轼读书非常珍惜时间，他不但利用骑在马背上的一时一刻抓紧看书，而且还利用躺在床上入睡前的分分秒秒刻苦攻读，甚至连上厕所蹲坑的点滴时间都不放过，这种分秒必争的勤奋精神难能可贵。

3.“三到”法

即“心到、眼到、口到”。这是南宋哲学家、教育家朱熹的读书方法。朱熹读书主张心、眼、口三者并用，缺一不可。他认为“心不在此，则眼不看仔细，心眼既不专一，却只浪漫诵读，决不在此，记亦不能之也。三到之中，心到最急。心既到矣，眼口矣不到手？”

4.“三不”法

即不苟同，不固执，不苛求。这是原北大教授俞平伯的读书方

法。“不苟同”是说读书时不要被别人的观点牵着鼻子走，要有自己的主见，“对别人的见解从不轻易附合”；“不固执”是说要有己见，但“不固执己见，一切服从真理”；“不苛求”是说“对不同的观点要宽容”，不要随便指责别人，说长道短。

5.“三步”法

即一总二分三合。这是物理学家爱因斯坦的读书方法。所谓一总，就是先浏览书的前言、后记、编后等总述性的内容，再认真地读读目录，以概括了解书中的结构、内容、要点和体系等，以便对全书有个总体印象。

所谓二分，就是在读了目录后，先略读正文，这不需要逐字读，而着重对那些大、小标题，画线、加点、黑体字或有特殊标记的句段来读，这些往往是每节的关键所在。亦可以根据这些来选择自己所需要的内容来细读。

所谓三合，就是在翻阅全书的基础上，头脑已对这本书有个具体印象，这样再回过头来仔细读一遍目录，并加以思考、综合，使其条理化、系统化，以弄清内在的联系，达到深化、提高的目的，进一步深入领会初读时所不能领会的许多东西。往往人们在这一步上不得要领，看过书一扔了事。

6.“三思”法

即未读先思，正读反思，读后再思。

（1）未读先思。就是拿到一本书，先浏览目录，只要记住章节大小标题，即将书合上，按照书上提出的命题和结构进行思考，构成一本书的轮廓，然后开卷读之。边读边与自己推想的那本书进行对比，即知己之差距。

（2）正读反思。所谓正读，即首先要正确地理解原书的本义。反思，就是提出与书中命题的论点、论据相反的论点和论据，进行相反的论证，经过反复交锋，再决定取舍。取则不迷信，舍则有依据。

（3）读后再思。就是每读一本书以后，再将自己的观点和书中的观点进行分析综合，从而提出质疑，予以修正，进则提出新的理论和见解。

7.“四为”法

即为学习而读书，为研究而读书，为创作而读书，为愉快而读书。这是我国杰出作家、诗人、历史学家郭沫若的读书方法。“为学习而读书”，是对每个人的基本要求。人是学而知之，只有认真读书，才能有所知，有所得，有所获。为求知而读书，是人生获得前进的动力，也是一种高尚的境界。

“为研究而读书，”是指一个人要想学有所成，必须以研究求索的态度去读书。“为创作而读书”，是说要多读多看古今中外的名人名作，从中得到启迪，激发自己的写作兴趣。“为愉快而读书”，是指充分利用工作之余的闲暇时间，读些轻松愉快，益于悦心的书籍，自得其乐。

8.“四要”法

（1）积微起纤，日积月累，不要眼高手低，好高骛远；

（2）广汇百家之流，不要固一家之言，偏执于一孔之见；

（3）疏篦条理，弃其糟粕，取其精华，不要囫囵吞枣，生吞活剥；

（4）要持之以恒，锲而不舍，不要一曝十寒，半途而废。这是伟大的马克思主义者、无产阶级革命领袖毛泽东的读书方法。毛泽东说他“一生最大的爱好是读书”，“饭可以一日不吃，觉可以一日不睡，书不可一日不读”，可见其读书决心之大、信心之足、意志之坚。早在湖南第一师范读书时毛泽东就写有一副自勉联：“贵有恒，何必三更起五更眠；最无益，只怕一日曝十日寒。”这是他的切身经验，也是教诲后人如何读书的金玉良言。

五步读书法

1.浏览

这是读书的第一步，当拿到一本书后，首先应概要地读一读该书的提要、目录，以便对该书有个大体的了解。

2.发问

这一阶段，要读书中各章节的标题以及章节承上启下的内容，一边粗读一边提问。这样可以激发学习兴趣，促进自己的钻研。

3.阅读

如果说浏览、发问敲开了书本知识的大门，阅读则是登堂入室。阅读就是从头到尾细读，对重要、难解部分反复读。在阅读过程中，要做到眼到、口到、心到、手到，也就是边读、边思考、边圈点、边画杠杠。要尽可能将自己原有的知识和新知识结合起来，写眉批写心得，做读书笔记。以保存“知识印象”。

4.复述

即“回忆印象”，如俗话说的“过电影”。离开书本。回忆书中的内容，看自己发问题目上是否获得了正确的理解。这是自我检查学习效果的方法，也是巩固记忆的手段。

5.复习

一般在复述后一、二天内进行，隔一段时间再重复一次，可以巩固已有的知识，又能温故而知新，从中获得新的体会。

读书的重要性与意义

读书的重要性

不以规矩不成方圆，说的是方法的重要性。不言而喻，没有规矩，无法画出准确的方和圆。同样，没有正确的读书方法和技巧，也不能提高读书的效率，甚至无法把书读好。读书是学习并获得间接知识的非常重要的途径，是把别人知识转变为自己知识的过程。因此，读书是获取智慧的重要来源。只有讲究科学的方法和熟练的技巧，才能提高读书的效率，获得更多更新更有价值的知识。

古今中外，许多杰出的哲学家、科学家、艺术家、作家和其他学者专家在读书时，都是很讲究读书的方法和技巧的。他们中间的一些人还就读书的方法和技巧写下了许多很有益的文章。事实证明，凡是读书有成效的人，都很重视读书的方法和技巧。

不同的书有不同的读法。有些书的思想博大精深，需要精读，反复琢磨，细细体会。有些书的思想非常浅薄，只要粗读浏览就可以了。有些书是精华与糟粕混杂在一起，就需要在阅读时去粗取精，去伪存真，有些书中充满了错误的观点和不合逻辑的论证方法，那就要进行批判的阅读。有些书的内容低级下流，根本没有必要去阅读。有些人提倡“开卷有益”，认为什么书都可以看。其实，开卷有益必须以正确的读书方法为前提。只有讲究科学的读书方法，才能做到开卷有益。

读书的意义

能力，指一个人解决问题、谋事成功的水平。有技术、专业、学术、艺术方面，还有生活，工作方面及政治、军事、经济等方面之分。能力大小，人有差异，一个人能力平平，必然反映出他是限制了个人聪明才智的发挥，这样很难实现较高的人生目标。一个人能力较强，或者很强，则个人发展一般总比别人略胜一筹，甚至达到谋事得心应手，容易取得事业成功，实现个人对国家、社会的更大贡献。

不管我们看得到看不到人与人之间存在区别，我们终将是在无法超越自身能力的差异中营建个人生活，构筑社会人生。不能要求单个的人百分之百获得所有一切能力，古今中外再强的伟人也无一例外，但每一个人起码应自觉具备起个别方面的一些能力，并努力扩展一些方面，获得较强更强的能力。这是国家、社会对公民个人发展的要求，同时也一定是每一个人藏于内心一种真实的期盼。

阅历，指一个人接触事物的众寡和经历世事的多少。如启从父亲禹那里直接学到治水技术，李白、杜甫游历名山大川，科学家考察神农架、南极，公司董事和相关项目人到欧美、澳大利亚考察市场和经济，还有我们更多的普通人，结婚、离婚、生子、教子，邻里口角复和，为生计忙于奔波，挨过饿、受过骗、甚至蹲过狱等，都是一种关于人们直接经验的阅历。学校教育阶段坐在课堂上向书本学习，走上社会后结合生产生活方方面面，并运用多种方式，继续向书本学习，这是人除直接经验外可叫做间接经验的一种阅历。

习惯上来讲，阅历不包括学历，因为学历有它的特指，指一个人是初中、高中、大学，学士、硕士、博士后等。还有资历，它评价一个人定向性和规定性的经历资质，也不单纯等同于习惯所称的阅历。从现实区分和不同评价需求看，阅历、学历、资历三者可以而且应该有其特指，但从一切经验，历练，看书，学习，都有利于提高人的能力来看，我们有理由并完全可以把直接经验、间接经验和其中有关一些表述，都归纳称之为同是人的一种阅历。

我们重视把人的阅历与能力联系起来加以考察，是因为：人有哪些方面的阅历，就有可能造就哪些方面的能力；阅历达到什么程度，能力达到什么程度；较为单一或极小局部的阅历，就有可能形成较为单纯或薄弱的能力；一个人经历世事多，肯读书、善学习，就有可能获得一种较精明强干或出类拔萃的能力。

人们听得多了，看得多了，处得多了，干得多了，跑得多了，即直接经验多，自然增长见识，促进能力的形成。但直接经验，从依靠全身各感觉器官与大脑建立神经性活动开始，虽然感知内容鲜活，形象直观，但获得的经验往往不精准，很难建立严格的科学概念，把握到事物的本质。这有如一个人玩尽天堂，跑遍全球，经历无数，但如果不开发大脑高级思维，即梳理经验的思想，激活知识的思想，积极参加与对感知内容作出进一步的加工，综合，提炼，仍然很难促成感性认识向理性阶段升华。

间接经验，大量获得文字感知的第一手材料，虽不那样生动直观，但了解之多，时空无限，现实世界有限的直接经验根本无法与其比拟。特别是文字感知，思想本身就是“器官”，较早介入对已经历过不少次甚至无数次他人高级思维抽象的感知内容进行再加工，再综合，再提炼，不但学识较丰富，概念体系较系统科学，而且，加快把握到事物本质，实现个人感性知识向理性升华。

优秀的直接经验与丰满的间接经验交互作用，最后获得大脑智慧更高级。有如曹雪芹所说，人情“练达”便文章，世事“洞明”成学问，培根所说，“知识就是力量”，经验，知识，智慧经向理性的自由王国转化，外化，转变成一种伟大的力量。

无论从哪一方面看，丰富书本知识的阅历，以强化知识储备来提升我们的能力，作用是显而易见的。同等情况下选择一种更为有效的自觉训练，或者，在人们一般都很难做到跑尽天南海北丰富经历增长，现实总受条件限制的情况下，看书学习，之于现代人，应是一种不可或缺甚至更为重要的人生阅历。

肯读书，善学习，包括阅读大量的文学作品，人物传记，更包括通读或精读哲学家，思想家探究自然，社会，人生的著作，还有指导我们生产生活的科普学类读物和专业技术类读物，政策汇编，法律读本等，日常生活中，即使空下来，我们同时亦注重从网页专辑，电视讲座，专家辅导报告这些生动再现文字思想，形象图解书籍成果的多种形式和载体中获得有益学习，恒久坚持，有条件时，动脑结合动手，理论结合实践，如此循环往复，终有那么一天，我们会突然发现，过去，我们内心还多少有那么一些私心，现在，已是较多或更多觉得，人要学会站在对方看自己，不但避免被人骗，而且骗人不应该，要多些关爱他人之心，诚信为本，合法经营，兼济他人，更多作出社会贡献。

过去，我们认为光是直的，猪让它吃得越多可能养得越壮，骑摩托车戴不戴头盔无所谓，喉咙被异物卡住快用饭团、酸醋等，现在，我们已是较多或越来越多懂得，不但安全用电，突发性创伤抢救应严格按照科学方法，而且，掌握起各行各业的科学方法，农民炒制茶叶销路更好，工人改进生产工艺一定比别人更多创造生产效益，扩大求知领域，钻研新的技术，即使是沼气、垃圾，在我们手里也一样可以得到开发利用。

如果说，把油、盐、酱、醋即家庭生活打理得好点再好一点，是我们不想排斥的，对国家社会所作贡献大点更大一点，是人应该自觉追求的，那么，为使我们获得一种较高更高的人格修养，较高更高的理论水平，较高更高的专业水准，较强更强的行为能力，我们没有理由拒绝读书。

国学大师季羡林说过：天下第一好事是读书。因为人类保存智慧只靠两端，一是实物，一是书籍。人类社会之所以能永无止境地向前发展，是因为人能够看书又能够写书。温家宝总理在2009年4月23日世界读书日视察国家图书馆时亦曾说过类似的话：一个不读书的民族是没有希望的民族。从社会学的意义上说，只有不读书，没有死读书。某些接受程度、通融程度较慢较弱，或暂时缺乏条件证明知识物化结果，决不是一种可以与庸碌之辈游手好闲，不务正业等同起来看的人生消极行为。

读书不是万能的。但读书，却可以丰富我们的阅历、提高我们的能力。凡人都应该像尊敬母亲，专注恋人，真情交友，虔诚拜师那样，去追求知识，喜爱读书。

LIPPINCOTT'S
FARM MANUALS
ABOUT BEES
BEES

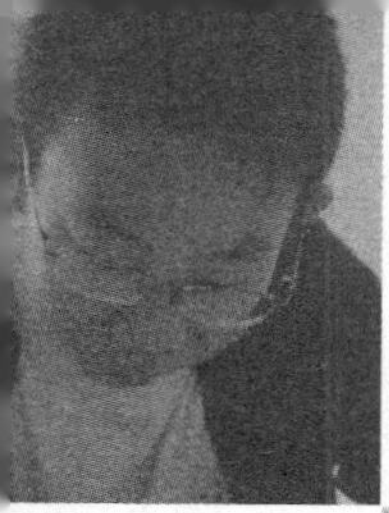

NO3.阅读能力的提高与技巧

阅读方法的分类

语文教学的任务之一是培养学生的阅读能力。从宏观而言，阅读和写作一样是没有“定法”的；但从微观来讲，学生阅读课文也和作文起步一样，又确实有“法”可依。下面就优化方法，提高能力，结合教学的实践谈谈自己的一些体会。

比较性阅读

著名教育家乌申斯基说过：“比较是一切理解和思维的基础，我们正是通过比较来了解世界上的一切的。”从语文教学方面看，比较法是整个学习过程中不可忽视的方法。比较可以使学生在学新课时联系旧课，实现学习过程的正迁移，收到开阔视野，启发思路的效果。

在小学语文教材中，体裁相同而主题不同的文章，主题相同而体裁不同的文章，同一体裁、主题而选材不同的文章，都可以通过比较性阅读来了解其内容，揣摩其技巧。如《林冲棒打洪教

头》和《三打白骨精》，学生进行比较阅读后，不难发现，二者的体裁都是小说，但可以跨越时空，去反映不同的主题。

前者反映林冲的正义，反映了人物的思想个性；而后者反映的是神话内容，借助了文字反映了神话故事的内容。又如《安塞腰鼓》与《姥姥的剪纸》，同写人，都是表现了“技艺高超”这一主题；安塞腰鼓人技艺高超，姥姥剪纸技术强，但体裁不同。学生带着这些问题进行自读、分析，便会得出结论：要反映相同的主题，可以选用不同的体裁。

《姥姥的剪纸》采取记叙的形式，可以达到目的；而《安塞腰鼓》则运用散文这一形式，同样达到目的。再如《小草和大树》和《轮椅上的霍金》都是小说，都是通过描写人物的悲惨遭遇来激励人们不要向困难低头，但选材不同。

围绕选材的问题，学生反复通读两篇文章，便可以找到答案；《小草和大树》选材于英国，以夏洛蒂的生活遭遇为主要内容，反映了他们姐妹三人不屈的精神。通过对他们心里的刻画，反映人物的思想精神。

求解性阅读

教师根据一定的目的要求，向学生明确提出若干个带启发性的问题，让学生以自读的形式循文求义：从课文中寻找答案，划出要点，以便在课堂中发表自己的见解，这是求解性阅读。

这种阅读能否奏效，关键在于教师提出问题的难易程度。过易，缺乏思考性；学生往往会觉得“易如反掌”；过难，思而不得，读而不知所措，学生会产生畏难情绪，丧失自读的信心。因此，一定要掌握难易程度。

如果课文确实较难理解，则可以提出几个阶梯性的问题，引导学生寻求正确的答案。最好的方法是：学生对问题产生兴趣，似有所悟，跃跃欲试，甚至自发展开讨论，这就更能促进求解性阅读的自觉进行。

在教《青海高原一株柳》时，可以先板书出几道思考题让学生自读：为什么作者要写青海高原的样子？青海高原一株柳什么样的精神值得你欣赏？作者为什么要写家乡的一株柳，文章中你有什么启发？

学生根据思考题，认真阅读课文，既抓住了中心句，又知道了青海高原一株柳的精神，并了解作者的写作方法以及文章要表达的内涵，面对困难，勇于迎接并能勇于承受，一定能战胜困难。

质疑性阅读

学生经过几年的启蒙教育，已经走出了思维的沙漠和智能的荒原，他们不仅有了完全属于他们自己的思维的绿洲，智能的园圃，而且具有一定的质疑问难的基本素质和判断是非的能力。因此，我们每一位教师都具有一种不可推卸的责任，想方设法提高学生质疑问难的自学性的科学性。

开始，学生的提法可能出什么问题，教师可作示范性提问；当他们能提一些问题时，应积极鼓励，决不可以笑其肤浅、简单而挫伤了他们的自读质疑的积极性。学生经过一段时间的训练，如果能提出一些质量较高的问题时，那就是“水到渠成”了。

质疑性阅读的目的，在于通过阅读，发现问题解决问题。弄清字、词的确切意思，用法，大至篇章结构，人人都可以提出自己的疑问，然后由教师选择归纳成若干问题，师生共同讨论解决。

如学习《负荆请罪》，学生通过阅读，提出下列疑问：这篇课文以外拓展的前两个故事表面上是秦王与蔺相如唇枪舌剑的斗争，实际上是什么和什么斗争？是属于哪一方面的斗争？文中的三个故事都表现了蔺相如的什么品质？大家通过争论、辩解，终于晓知：秦王与蔺相如之斗，实际上是秦国与赵国之斗，是属于外交上的斗争，三个故事都表现了蔺相如以国家利益为重的可贵品质。

质疑性阅读是较高层次的阅读，在质疑性阅读中，解疑是最关键的举足轻重的一道程序，它直接决定着质疑性阅读的效果。因此，教师要讲求“技法”去引导学生释疑。有些疑点对于小学生如同“八卦阵”，学生钻进去了，没有老师的指引是钻不出来的。

然而，引导归引导，学生终究要自己“钻出来，”而且也只有学生自己“钻出来”才能识破迷津，走出迷魂阵。对这一类疑点、有的给予点拔即可，有的应提供思路，还有的则不仅要扶“上马”，还应“送一程”。

如果说，质疑性阅读是较高层次的阅读，那么，创造性阅读则是更高层次的阅读。这种阅读要求教师应顺应学生的思维规律，并加以恰当的点拔和引导，使学生的思维散发，在阅读中实行再“创造”。这种既能培养学生认真研读课文，深入理解作品的习惯，又利于开拓学生的发散思维，发挥他们的创造能力。

古人读书贵在“自得”，又云“书读百遍，其义自见”，意思是对一篇文章只要多读，熟读就能大有益处，不用解说，自晓其义。有口无心的读不同于专心致志的读，盲目的读有别于自学的读；应付式的读“食不知味”，有目的的读“津津有味”。

因此，需要教师通过启发、引导，使学生带着明确的目的，获取最佳的读法，专心致志地、自觉地去读、边读边议，比较异同，释疑解难，力求创新，从而逐步提高阅读能力和分析能力，以适应未来的需要。

阅读能力的作用

语文教学的重要方面是课文的阅读，通过阅读不断提高学生的阅读能力。学生的阅读能力是获得其他能力的基础。因此，在语文教学中必须把培养学生的阅读能力放在首位。尤其在小学中年级的语文教学中，培养小学生的语文阅读能力更为重要。

在小学语文教学中的重要地位

俗话说得好："书读百遍，其义自见。"这一句话便可知我国古代的教学方法对诵背的强调，但在现代人眼中这似乎十分落伍。实际上古人这样做也不是完全没有道理的，只有读熟了课本才有可能更好

地理解课文。

在过去和当前的教学中，阅读教学往往是教师事先设计好问题，学生被动回答的过程，学生自己想的东西很少。这就使学习陷入被动，让学生不是自主的去学习，而是逐渐适应了这种灌输式的教育，因此不能培养学生积极思考的能力。

因而阅读教学应做到让学生感知后有所领悟，能够积极主动的有感而发，在自己真正领悟之后，抒发自己的感受和理解。只有这样我们的阅读教学才能算是一个完整的过程。然而很多教学实践也证明，学生的阅读能力是发散思维能力、实践能力和其他能力的基础。

对小学生发散思维能力的培养

小学生天真烂漫，生活阅历基本上是一张白纸，对课本上的课文内容不能清楚准确地了解，老师在教学生识字、辨字、写字的同时，不要忽视对课文内容的讲解。中国地域辽阔，课文内容涵盖了大江南北的山水、气候、风情，小学生以直观思维能力为主，不可能理解到远于自己生活之外的知识。

因此老师在讲过课文内容后，让学生反复阅读课文，仔细体会文中包含的丰富内容，让学生讨论，逐个表达对课文的理解，老师在最后做深入的点评，培养小学生的发散思维能力。

例如，苏教版的小学三年级下册语文第三课《庐山的云雾》，这篇课文主要描写了庐山的云雾的奇幻美丽，激发学生对祖国山河的热爱。但是，学生对于庐山云雾的印象也仅仅限于自己的想象，很少有学生真正的到过庐山，亲眼欣赏过庐山云雾的美丽姿态。

因此，要想教好这篇课文，就必须让学生熟读课文，反复阅读，老师通过课文的讲解，培养学生的发散思维能力。使学生通过阅读、老师的引导、多媒体课件的渲染、激发学生的想象，联想到庐山云雾的千姿百态和瞬息万变。加深对课文的理解，激发学生热爱祖国大好河山、热爱生活的豪情。通过学生思维的发散，运用丰富的想象学习这篇课文，就收到了事半功倍的效果。

对小学生实践能力的培养

学以致用，学生们从课本上所学到的知识都是为了在实际生活中的应用。因此，在语文教学中培养学生的实践、动手能力尤为重要。如何培养学生的实践能力？就要求学生们学会阅读，教师们抓好阅读教学，从阅读中培养学生的实践能力。

可以说，阅读教学是学生获得实践能力的重要源泉。学生们在实际生活中，只有把书本上的知识与生活实际连在一起，才能使知识能力两者兼顾，一箭双雕。所以，通过阅读提高学生的实践能力是语文教学中的一项重要工作，从小培养学生的实践能力更为重要。

例如，对苏教版的小学三年级语文上册《掌声》的教学，就可以通过阅读教学培养学生的实践能力。这是一篇叙事的课文，课文中通过同学们给小英的掌声，给了小英鼓励和信心。让学生懂得不能取笑别人的缺点，要相互友爱的道理。

在教学中，通过小英前后生活的对比，让学生理解为什么小英的生活发生了这样的变化？然后将自己的理解和懂得的道理带到生活中。每个人都是有缺点的，你是否有嘲笑别人缺点的时候？通过这样的教学，从反复的阅读中让学生明白：人无完人，每个人都有缺点。我们不应该去嘲笑他们，应该友好的对待每一个同学。

总之，语文教学是一个难以很好把握的大课题，需要每个老师依据教学要求，根据学生实际，把握阅读教学的要点，以阅读教学作为语文教学的突破口，让学生都能自主的学习、自主的思考、自主的质疑、自主的感悟。培养好学生的阅读能力，以达到发散思维能力、实践能力及其他能力的共同提高。

阅读对写作的作用

阅读对学生写作的作用

在文学创作中，一直强调“生活是文学创作的唯一源泉”。因此，在中学作文教学中，许多教师也着重强调“生活”对写作的作用，而忽视了“阅读”对于写作的作用。其实，在中学生作文训练中，阅读应该是提高写作能力的一个重要甚至是主要的途径，它对培养学生的写作能力、提高写作水平有着极为重要的作用。

1.可使学生累积写作素材

生活是文学创作的唯一源泉，任何文学作品都是生活的直接或间接的反映，中学生的作文也应该是生活的反映。但由于中学生这一群体具有其特殊性，他们的学习甚至生活的主要阵地都在学校，他们的主要任务是通过课堂学习掌握知识和技能。

因此，他们不可能像作家一样长期投身于生活的海洋中去，他们还不可能与社会生活有密切的接触，还不可能去做社会生活的主人。所以，要想提高中学生的写作水平，就必须在课堂及课内外阅读上多下功夫。

因为中学生通过阅读所了解、掌握的书本的内容，也是一种生活，甚至是一种更广阔的生活。这种“生活”大多都是经过艺术加工的，至少它是经过作者们精心锤炼过的，古今中外的生活都可以得到反映。

这样，就可以弥补了他们接触社会生活的不足，对作文所需要的“生活”有了一定的认识，即间接地从书本上了解了生活现实，为他们的写作提供了所需的材料。同样，阅读多了，积累也就丰富了，学生也不再会有“茶壶装饺子，难倒不出”的苦闷和“巧妇难为无米之炊”的尴尬，解决了学生中普遍存在的“不知写什么”的问题。

2.可提高学生的语言能力

语言能力，可以说是作文能力的重要组成部分。在写作过程中，语言能力较低的学生通常言不达意，想要说的意思或内容难以表达出来或是表达不准确，甚至表达错误。这种现象，其实就是学生语言能力低的表现。

而通过阅读，如坚持多读一些古今中外名著，那些名家的精彩、生动的语句对学生的语言表达、语言感受的培养实在是大有益处的。受阅读的影响，爱看中国现代名家小说的学生，其作文的语言或多或少都带有那些名家的痕迹，有的如鲁迅的“精警而风趣”，有的如乡土小说家的“质朴中显精妙”，有的如郁达夫的“伤感沉郁”；有的“细腻”，有的“委婉”，有的“清妙”。

爱看唐宋诗词的学生，其作文语言则既有模仿李白的“浪漫豪放”，也有学习杜甫的“沉郁顿挫”，还有与李清照的“婉约”、李商隐的“感伤惆怅”等相仿。更为难能可贵的是，他们大多都吸收了中国古典诗词中的含蓄、隽永、简约、明白等语言风格，并在其作文中有初步的或是简单的体现。

由此可见，在阅读中，在对古今中外名著的大量欣赏中，学生可以尽情的在文学海洋中徜徉，体味到文学的奥秘，因而在不知不觉中培养、加强了语言能力，增强了语感。这样，就有效的解决了学生作文中“写得干巴巴”、“语病多”的问题。

3.可培养学生作文想象力

文学源于生活，它是对生活的真实再现。但是，它又高于生活，它不只是对生活的简单的反映，它是经过作者的艺术加工而成的。是对生活的集中的、概括的反映。

也就是说，它是对众多现实生活素材通过“艺术再创造”而成的。而这个“艺术再创造”的过程，就离不开思维想象过程。因此，在中学生写作中，想象思维能力是十分重要的，没有想象思维，写作的内容就难以生发，意境就难以深远，主题就难以深刻。

而文学作品中准确、生动的艺术形象描绘具有强大的感染力，能够刺激读者的感官，作用于大脑，引发相应的再造想象。学生因此可在默读、精读、反复诵读的过程中通过想象去领会作品的意象和意境、所表达的主旨和逻辑安排。在想象、思考中阅读，在阅读中想象、思考。

这就无形中培养了想象、思维能力。学生在写作中便可在生活（包括通过阅读从书本上了解到的生活）真实的基础上，对各种素材进行取舍、进行“艺术再创造”，这就解决了学生作文中“有很多材料，但不知写哪些好”、“不知怎样写”的问题。

过程是相对于学生的学习过程，而不是教师的教学过程。过程是指相对学生来说，是在学习某一知识、运用某一技能、体验某一情感态度价值观的时候，需要经历一个感知、理解、运用或实践的过程。方法即在这一过程中学到某一方法，或运用某种已掌握的方法来进行学习。

教学时要注重“过程和方法”

过去，无论是教师还是学生家长及社会舆论，看重的都是学生的最后成绩，而忽视学生在学习过程中的辛勤付出，忽视了学习方法的指导。这是不重视学习过程、只片面注重学习结果而出现的普遍现象。

教师教学时注重的是如何把知识、结论准确地给学生讲清楚，学生只需全神贯注地听讲，把老师所讲的内容记下来，考试时准确无误地照搬在卷子上就行了。这样把形成结论的生动多样的过程变成语文知识的条文背诵，从源头上分离了语文知识和语文素养的内在联系，导致学生“两耳不闻窗外事，一心只读应试书。”

语文学习已成为学生的一个沉重负担，学生厌学甚至逃学也就是情理之中的事了。这种情况如果得不到改变，语文教学是很难有出路的。

学生学习的过程不仅是一个接受知识的过程，而且也是一个发现问题、分析问题、解决问题的过程。这一过程既是暴露学生产生各种疑问、困难、障碍和矛盾的过程，又是发展学生聪明才智，形成独特个性和创新成果的过程。

孔子说：“学而时习之，不亦乐乎？”可以看出孔子眼中的学习过程是一个享受快乐的过程。在语文教学实践当中，教师应当与学生建立民主平等友好的关系，充分尊重他们的个性及表现，把学习过程中的发现、探究等认识活动凸显出来，让学生经过一系列的质疑、判断、比较、选择以及相应的分析、综合、概括等多样化的过程，真正理解学习内容，巩固知识阵地，这样也有利于学生创新精神和创新思维的培养。

对于在学习过程中表现较好的学生，教师要及时地鼓励和表扬；对在学习过程中表现得很努力但结果又不太好的学生，教师也要充分肯定他在这一过程中的表现，帮助他找出在学习过程中存在的缺陷，并分析其中的原因，提出改进的建议，让每一个学生都体验到学习过程的快乐，学生学习起来才会有兴趣、有劲头。

方法是学习的钥匙

方法是学习的钥匙，好的学习方法能帮助学生轻松地打开语文宫殿的大门。语文新课程标准倡导学生在教学活动中主动参与、乐于探究、勤于动手，给我们带来了很好的启示，完全改变了以前那种强调接受学习、死记硬背、机械训练等简单枯燥的学习方式。

在教学过程中，教师应积极引导学生去探索、去体验、去感悟、去质疑、去表达，让学生积极参与讨论式学习、辩论式学习、合作式学习、探究性学习、综合性学习，在各种学习方式中逐步领会和掌握科学的、实用的、灵活的学习方法。

教师还可以在课余组织语文学习方法交流会，请优秀学生谈谈自己的学习方法，和大家一起研究语文学习的方法。还可以在各种媒体上收集语文学习的各种经验和方式方法，组织学生一起学习。方法对头了，学习语文也就事半功倍。

过程是相对于学生的学习过程，而不是教师的教学过程。过程是指相对学生来说，是在学习某一知识、运用某一技能、体验某一情感态度价值观的时候，需要经历一个感知、理解、运用或实践的过程。方法即在这一过程中学到某一方法，或运用某种已掌握的方法来进行学习。

提高阅读能力的技巧

美国哲学家弗兰西斯•培根有这样一句名言几乎众所周知，那就是“读书足以怡情，足以博彩，足以长才”。它把书对人的影响力，对人的心灵塑造说得形象而深刻。的确，对于一个审美观、道德观、人生观都正处在形成时期的中学生，阅读的作用尤其重要。

从要我读到我要读

从要我读到我要读，究其本质就是教师启发学生明白阅读的目的性和重要性，使学生从被动、被迫的阅读，转变为主动、积极的阅读，使学生具有强烈的阅读愿望，使阅读成为他们自觉的行为。

在这个信息膨胀的时代，科学技术日新月异，学生在获取知识的方式上已有了更大的选择余地，教师必须让学生明白阅读仍是不可替代的。看电影时，你可能很少思考，更少想象，声音、图像，一切都是设定好的，你只是一个相对被动的接受者。

而阅读的过程却是一个再创造的过程，语言文字可以为你提供无限的想象空间，你能够与遥隔千载的先人们进行超越时空的精神对话，你的心灵之翼可以自由自在地在另一个想象的世界里翱翔。的确，阅读能够激发人的想象力和创造力。

更重要的是，老师要让学生明白阅读影响的是一个人素质中最基本、最核心的东西，即审美观、道德观和人生观。“腹有诗书气自华”“知书达礼”指的就是这个影响。通过阅读可以反省自我、提升自我，从而使自己成为修养良好的人。

此外，教师必须引导学生认识到从提高自我写作能力来看，阅读是根本，是前提。抱怨写作没材料的人，很大程度上是书读得少。因为阅读是吸收，是积累；写作是抒发，是表达。自古便有“不积跬步，无以至千里；不积小流，无以成江海”的警言在告诫我们。

就学生来说，作文材料主要来自三方面：一是来自课本，二是来自课外阅读，三是来自自身生活积累。归根结底，都要求学生广泛阅读，仔细观察，认真积累。毕竟一个人的直接经验相对来说比较少，更需要间接经验来补充、丰富自己的人生体验，激发自己的想象力，而阅读给予人的便是间接经验。

古语云：“熟读唐诗三百首，不会作诗也会吟。”这个“读”需要一定量的积累，长期地，持之以恒地，这样定能收到“读书破万卷，下笔如有神”的效果。

在这个环节中，老师的作用是引领学生进入阅读领域的向导。只有让学生深刻认识到阅读的目的性和重要性，把阅读行为化作自我内驱力，即主动阅读，从而实现第一次转变，从要我读到我要读，并为下一次转变打下坚实的基础。

从我要读到我爱读

从我要读转变为我爱读，指的是端正学生的阅读态度，从“我要读”的愿望、决心，提高到“我爱读”的境界，充分调动学生阅读的兴趣和积极性。“知之者不如好之者，好之者不如乐之者”，只有感兴趣了，才会产生乐于接触并力求参与其中的一种积极的意识倾向。

激发学生的阅读兴趣，首先让学生成为阅读的主体，鼓励学生质疑。在“问题驱动”下，学生“主动介入”的状态，正是由被动阅读转化为主动阅读的最佳心境。从字斟句酌这些浅层次的阅读，到对作品的内容与思想感情质疑的高层次的阅读，教师适当地加以引导，让每个学生都动手、动口、动目、动脑。

当然，质疑阅读，并不局限于同一篇作品进行阅读，为了更好地把握文章的风格与特色，可以进行一个大范围的质疑比较阅读：同一作家不同时期作品的比较与质疑：鲁迅先生的《记念刘和珍君》与《为了忘却的记念》等；不同作家在同一时期作品的比较与质疑：老舍《骆驼祥子》与夏衍先生的《包身工》；同类题材作品的比较与质疑：李健吾的《雨中登泰山》与清代姚鼐的《登泰山记》。鼓励学生多疑、善问，正是打破传统阅读教学方法的一个突破口。

其次，让学生参与阅读教学，当一回小老师。青年学生一般都有强烈的表现欲，适时地给予他们一些表现机会，对推动他们主动阅读有不可估量的作用。此外，教会学生上网阅读，满足他们对新知识、新事物的好奇心。因特网上的文章时效性强，只要将鼠标一点，学生可以欣赏到各种类型的文章，古今中外，包罗万象。

强化激励，优化环境，是激发学生阅读兴趣的另一法宝。在阅读活动中，老师创设积极、宽松的课堂氛围，真诚地鼓励、表扬学生，鼓励人人畅所欲言，让学生品味到阅读的甘甜。当然，老师对那些学生“想领悟而领悟不到，虽经研究而研究不出来的部分”要加以补充、归纳。总之，在阅读课堂中，教师平等的态度、亲切的微笑、积极的鼓励和真诚的点拨，加上流畅的语言，定能唤起学生强烈的阅读兴趣和富有创造性的思维活动。

从我爱读到我会读

从“爱读”出发，通过阅读实践达到“会读”的境界，是要求教师教会学生掌握阅读的方法。当代学生要读的作品委实太多了，这就需要教会学生制订适合自己的阅读计划，掌握有效的阅读方法和建立好的阅读习惯。

1.制订阅读计划

要求学生根据自己就读年级的特点和自己的实际情况来制订阅读计划，目的是使学生的阅读更具有计划性和操作性。

阅读计划的内容包括准备阅读的书目、可利用的时间、自检方式三部分。在执行过程中，老师根据学生制订的计划加以督促落实，收查读书笔记、召开读书交流会、撰写读书札记是常用的方法。

2.掌握有效的阅读方法

掌握有效的阅读方法是提高阅读效率的有力保证。掌握快速阅读文章的技巧：阅读时，必须明确阅读的目的和任务，以此来调节自己的阅读行为。对阅读材料整体感知和把握阅读过程的策略：包括辨明文体；认识领会标题及注释对文章内容的提示或概括作用；学会抓主旨语句等。

学会积累式阅读，要学生坚持立足课内、辐射课外的原则，通过老师推荐的优秀网站或课外读物，使学生知识面向深度、广度发展。

任何习惯的形成，都必须经过持久的训练。所以，教师必须引导学生在阅读中反复实践，使学生逐步做到习惯成自然，并探索到适合自己的阅读方法。此外，教师还须经常表扬有良好阅读习惯的学生，让他们介绍自己的做法，使同学们学有榜样，赶有对象，从而促进同学们形成良好的阅读习惯。

从我会读到我读懂

掌握科学的阅读方法和规律，目的还是让学生提高阅读效益，实现从“我会读”到“我读懂”的转变，这是根本。

教会学生阅读时做好摘录，写好随感。许多学生课外阅读并不少，但读完如过眼云烟，收效甚微，这与他们阅读时动口、动眼不动手、不做摘录有关系。因此，要求学生阅读时要做好读书笔记，包括圈画、摘抄、评注、仿写、加标题、写段意等。学生借助这些技术来控制自己阅读的注意力，弄清文章写了什么内容，而且懂得分析文章是怎样写的和为什么这样写。

同时把优美的语句和文章的片断摘录下来，广撷博采读物的长处，并消化吸收，学以致用，在需要时参照、借鉴。这样，使学生养成不动笔不阅读的习惯，积少成多，自然会丰富学生的内涵，打下坚实的文化积淀。持之以恒地这样做，学生的语文素养定会大大提高。

此外，创造条件让每个学生都动手、动脑，要让每个学生均体验到阅读所带来的成功。新学年开学初，我向学生发出“编辑一本自己的作品集”的倡议，作品集上学生可以将阅读到的有益内容摘录其中，可以把自己满意的作文打印出来，并做好编辑工作。

老师的主导作用不是给学生“鱼”，而是教会他们怎样“渔”。让学生在整个中学阶段尽可能多读书，拓宽阅读的视野，实现阅读过程的“四个转变”，养成爱读书的习惯，掌握会读书的本领，为终身读书学习奠定坚实的基础。

提高阅读能力的策略

阅读能力是获取知识的主要途径，也是作文能力的前提和基础。许多学生的学习障碍是因阅读障碍而起的，进而产生对作文的畏难心理。心理学研究表明，儿童的自我认知、兴趣爱好、文化素养、人际交往等心理倾向和能力的养成，都可以借助阅读来促进。因此，帮助学生建立良好的阅读习惯，会使他们受益一生。

学生的阅读心理

阅读是把看到的语言文字内化为读者的思想，并领会其内容的过程。与成人相比，学生的阅历浅、知识面窄、语言中枢也不够发达，因此其最初的阅读活动只能是朗读。在阅读过程中，学生的言语运动分析器的活动起着重要作用，它就像一个支柱，保持着言语视觉分析器和其他分析器之间的联系。

教师要充分重视情感的激励作用，使儿童在愉

悦的氛围中，把认知活动由最初引发的兴趣转向阅读思维中去，从而获得有益的情感体验，提高学生的阅读效率和质量。

阅读是儿童了解自然与社会，获得知识和经验的主要方式。激发学生的阅读兴趣，合理干预他们的阅读倾向，有助于学生语文综合能力尤其是阅读能力的提高，也有利于学生心理的健康发展。

不同层次的读者阅读、理解、鉴赏文章内容的能力是不同的。教师要尊重学生在阅读中的自由领悟，保护他们阅读的良性心态。这种良性心态主要是指阅读兴趣。阅读兴趣随着年龄的变化而有所不同。

在小学阶段，儿童的生活环境由家庭扩展到学校，开始相对独立地接触社会，逐渐具备了判断简单是非的能力，有时还会不接受成人的意见，坚持以自我为中心，并出现有意识的说谎等毛病。语文教师要加强对学生的生活引导，增强其生活的信念和责任感，帮助他们树立崇高的理想，进而引导他们的阅读兴趣由简单的读发展到文学思索阶段。

把各种优秀的作品推荐给喜欢阅读的学生，会对他们的成长起到事半功倍的促进效能。事实证明，喜欢并善于阅读书刊杂志的学生，他们的写作能力普遍较高，社会活动能力也比较强。

但是，儿童的阅读能力和兴趣的发展并不仅仅由年龄这个因素来决定，还与其生活的环境、家庭教养、社交圈子等因素有密切的关系。因此，教师要了解学生的阅读心理，就必须先了解其生活环境，并正确引导他们在生活中体会到阅读的快乐。

结合阅读心理，提高阅读能力

1.诱读

教师在教学中，要注重学生的智力因素与非智力因素的协调功能，使他们在愉悦的氛围中，获得种种有益的情感体验，从而达到教学目标。例如，教师可以采用情境烘托、形象概括、语言渲染、表情强化等手段，诱发学生的阅读兴趣。

2.导读

从众多的教学实践可知，在学生阅读时，他的思维经历了“感性认知、想象、联想、推想、体会、评价”这样一个过程。在阅读教学中，教师的引导过程就要与学生阅读的思维过程同步，抓住学生的心，而绝不能认为“读教科书就是一切”，用成人化的解释来代替儿童的自由感悟。

3.伴读

一个好的家庭，应该在孩子可以开始阅读的时候适当购置一些好的图书；一个好的学校，应该千方百计让学校图书馆成为学生流连忘返的地方；一位好的教师，应该设法建立“班级图书馆”，营造浓厚的阅读氛围，安排阅读的时间，激发儿童阅读的兴趣，与他们共同分享阅读的快乐。

4.深读

儿童文学对于儿童的意义不仅仅是带来阅读的快乐，也不仅仅是通过阅读提高语文成绩，它关乎儿童的理想和未来，影响一代人及一个民族的将来。在儿童文学世界里，真、善、美和丰富的想象紧密结合，贯穿始终，这有利于儿童养成诚信、善良、富于想象力和追求美好生活的公民意识。

在儿童文学中，经典的作品种类繁多，不管是哪种儿童群体，都能从中找到适合他们的优秀之作。当然，除了儿童文学之外，科技故事、历史典故等方面的书籍也应该有所涉猎。

5.选读

学生阅读的随意性较大，他们喜欢新奇的图画书籍，存在“求快”和“求厚”两种不良倾向。前者导致阅读时囫囵吞枣，不求甚解；后者导致学生不切实际地读厚书，辨别能力差，容易受不良刊物及信息的毒害。

因此，教师应向学生推荐好的文学作品，指导学生运用正确的阅读方式，教会学生选择读物和筛选信息的方法，这是培养阅读习惯，提高阅读能力的有效途径。

6.善读

所谓善读，包括了略读、精读、快速阅读等。略读可采用读标题、读导语、读摘要的方法，迅速获取自己所需要的材料和信息；精读一些名著、佳作和学生喜欢的、需要的文章并及时写出自己的心得体会。

快速阅读是为了吸收尽可能多的信息，以适应时代和生活需要。要使课内外阅读效果好、有深度，教师还要指导学生在阅读佳作、名著前，先阅读序言，了解作品梗概；阅读后查阅相关的书评，多方面、多角度地把握作品，深化认识。

“读一本好书，就是和许多高尚的人谈话。”随着阅读量的提高，学生品尝到阅读带来的成功与喜悦，就会自己找书读。一个人有了良好的阅读习惯将会终生受用。阅读到什么程度？教师在进行指导时应由学生自行决定，让学生充分发挥才智，发展个性，其目的只有一个，让学生感悟到读书的好处。

培养数学阅读的意义

阅读是人类社会生活的一项重要活动，是人类汲取知识的主要手段和认识世界的重要途径。现代及未来社会要求人们具有的阅读能力已不再只是语文阅读能力，而是一种以语文阅读能力为基础，包括外语阅读能力、数学阅读能力、科技阅读能力在内的综合阅读能力。

因此，在只重视语文阅读能力培养的今天的学校教育中，加强数学阅读教育研究，探索数学阅读教学的特殊性及教育功能，认识数学阅读能力培养的重要性，就显得尤为重要。

中学生数学阅读的现状

对于阅读数学教材的主要困难，多数学生认为是数学语言太抽象、内容太枯燥。数学语言的严谨性和抽象性是数学工具性的基础，体现了数学学科特点，也是数学魅力的一种展现。学生对抽象语言的评价情况正反映出他们数学阅读能力和数学学习能力的现状，然而理解和吸收这些抽象的数学语言正是阅读数学教材要突破的核心问题。

笔者在教学中加入阅读教材的部分，在个别班级的数学课堂上也安排了阅读时间。为了真实反映学生的数学阅读能力，我在讲授集合《子集、补集、全集》一节时安排了数学语言中自然语言、符号语言和图形语言转换的环节，对本班学生测试，调查学生现有数学阅读能力及具体阅读方法。

测试结果表明，所有学生在阅读数学材料时习惯于勾画重点，能有效地运用数形结合思想等数学来理解材料，进行知识的类比迁移。但是数学学习能力不同的学生在阅读过程及之后的练习中也表现出明显的差异：

1.学习主动性的差别

在材料中，关于补集定义的Venn图，我并未直接给出，成绩较好的学生可以自己直接画出，而相对较低的同学需要我给出图像。

2.语言转化意识不同

在PPT课件上给出补集的文字定义，成绩较好的学生可以主动写出其符号形式，而成绩相对较低的学生直到阅读下一页时，才会从PPT中感知其数学符号形式。

3.数学思维能力不同

数学能力较强的学生能够感知材料中的个别元素，也能感知那些“有数学意义的结构”，并可以意识到材料中隐蔽着的问题。但是成绩不太好的学生只是直接接受结论，而不能进一步扩展思考，其数学思维比较被动。

综上所述，现今大部分中学生具有一定的数学阅读能力，但是往往忽视了数学教材阅读在数学学习中的作用。后进生在数学阅读上还存在一定的障碍，主要是由于数学课程语言的抽象性及其灵活内部转换的特性所造成。

培养数学阅读能力的意义

学生智力发展的诊断研究表明，学生的“数学语言”的特点及掌握数学术语的水平，是其智力发展和接受能力的重要指标。数学语言发展水平低的学生，课堂上对数学课程语言信息的敏感性差，思维转换慢，从而造成知识接受质差量少。

教学实践也表明，数学语言发展水平低的学生的数学理解力也差，理解问题时常发生困难和错误。因此，重视数学阅读，丰富数学语言系统，提高数学语言水平有着重要而现实的教育意义，其独特作用甚至是其它教学方式所不可替代的。

1.有助于数学语言水平的提高

所谓数学交流是指数学信息接收、加工、传递的动态过程，狭义指数学学习与教学中使用数学语言、数学方法进行各类数学活动的动态过程。而数学交流的载体是数学语言，因此，发展学生的数学语言能力是提高数学交流能力的根本。

然而，学生仅靠课堂上听老师的讲授是难以丰富和完善自己的数学语言系统的。只有通过阅读，作好与书本标准数学语言的交流，才能规范自己的数学语言，锻炼数学语言的理解力和表达力，提高数学语言水平，从而建立起良好的数学语言系统，提高数学交流能力。

2.有助于发挥数学教科书的作用

数学教科书是数学课程教材编制专家在充分考虑学生生理心理特征、教育教学原理、数学学科特点等诸多因素的基础上精心编写而成，具有极高的阅读价值。

可是，目前我们广大师生并没有很好地利用教科书，仅把教科书当成习题集。这正是教师讲解精彩而仍有一些学生学习成绩不理想现象产生的原因——缺少阅读教科书的环节。

美国著名数学教育家贝尔对数学教科书的作用及如何有效地使用数学教科书曾作过较为全面的论述，其中重要的一条就是要把教科书作为学生学习材料的来源，而不能仅作为教师自己讲课材料的来源，必须重视数学教科书的阅读。其实，我国义务教育数学教学大纲中已明确指出，教师必须注意“指导学生认真阅读课文”。

3.符合“终身教育和学习”的思想

众所周知，未来社会高度发展，瞬息万变，这决定了未来人不仅要有扎实宽厚的基础知识功底，更需要他们有较强的自学功底从事终身学习，以便随时调整自己来适应社会发展的变化。而阅读是自学的主要形式，自学能力的核心是阅读能力，因此，教会学生学习的重头戏就是教会学生阅读，培养其阅读能力。

4.有助于个别化学习

这样能够使每个学生能通过自身的努力达到各自可能达到的水平，实现新课程的目标。新课程的全新理念是“不同的学生学习不同的数学”，实现这个目标仅靠集体教学是办不到的，其有效途径是集体教学与个别学习相结合，而有效个别学习的关键是学会阅读。

研究也表明，构成一些学生学习数学感到困难的因素之一是他们的阅读能力差，在阅读和理解数学书籍方面特别无助。因此，要想使数学素质教育目标得到落实，使数学不再感到难学，就必须重视数学阅读教学。

5.符合未来高考命题的趋势

现在高考题中信息题的比例越来越多，更需要学生掌握一定的数学阅读能力。

影响英语阅读的因素

《普通高中英语课程标准》指出：“高中英语教学要着重培养学生获取信息、处理信息、分析问题和解决问题的能力，特别注重培养学生用英语思维和表达的能力”。

近几年的高考英语试题不仅加大了阅读量，设题方式也越来越注重对学生深层次阅读理解能力的考查。这既是对英语课程标准要求的体现，也反映出高考试题命题的变化趋势。

因此，大力提高学生的阅读理解能力是高中英语教学的当务之急。本文将探讨影响阅读理解能力提高的原因以及提高学生阅读理解能力的策略。

影响阅读理解能力提高的原因：

1.急功近利的阅读教学

长期以来，很多高中英语教师一直重视培养学生的阅读理解能力，但大多数教师的阅读教学局限于应试为目的的阅读训练，并没有从提高学生获取信息能力的角度进行阅读教学，也没有对学生阅读习惯和阅读兴趣的培养给予足够重视。

不少老师在阅读教学中多采用应试的强化训练模式，导致学生长期处于被动阅读的状态。学生能接触到的阅读材料基本上是教材、试题和复习资料。这些材料不仅形式单一，而且内容陈旧，不能激发学生的阅读兴趣，也不利于提高学生的阅读能力。

教师训练学生阅读的方法基本上是解答高考阅读理解题，学生在教师的指导下阅读规定的材料，然后从设计好的题目中选出最佳答案。在整个训练过程中，学生始终处于被动阅读中，失去了自己的思维空间和思考动力，在整个阅读过程中，阅读仅仅是为了做题目。

另外，不少教师的教学中心失衡。当前的江苏牛津版教材提供了大量的阅读材料，其中的课文不仅在篇幅上有所增加，材料的选择和难易度与以前的教材相比有了较大的改进。虽然新教材具有信息量大、时代性强以及符合中学生阅读心理和兴趣等优点。

但在实际教学中，不少教师仍把阅读材料分解成孤立的语言知识点进行教学，在很大程度上弱化了英语材料的应有功能。另外，阅读能力与学生的兴趣、志向、习惯和意志等非智力因素密切相关，而这些品质显然不能通过单一的应试强化训练来培养。

目前，许多高中教师在阅读教学中更注重利用学生的智力因素，而忽视非智力因素的作用。学生在阅读时也抱着应试的心理，所以阅读质量和效果就自然会大打折扣。

2.不良的阅读习惯

阅读是理解和吸收书面信息的手段，阅读能力包括阅读理解能力和阅读速度两个方面。快速阅读是在大量阅读训练过程中培养发展起来的。而一些不良的阅读习惯严重制约着阅读速度。这些不良的阅读习惯包括边念边读、复视和“精耕细作”式阅读。

边念边读是影响学生阅读速度的重要因素之一，学生普遍有边看边读的不良习惯。教师和学生都知道朗读的重要性，却忽视了其消极的一面，如果一个学生看什么都要“念”，那么他的读速就永远得不到提高。

边念边读容易使人感到疲劳，“念”书时，学生经常要把注意力分散到一些词的发音上，尤其是碰到生词或者不知其确切发音的词时，学生往往要反复念几遍。这种停顿会影响思维的连贯性，使得大脑对文字信息进行分析、综合、概括的思维不时中断，然后又重新开始。由于大脑负担加重，有效阅读时间必然会缩短，有碍于对文章的整体理解。

边念边读的形式包括朗读、默读和心读。心读时尽管发音器官没有明显的动作，但读书人的心里却在一字一字的念着。无论哪一种程度的边看边读都有碍于阅读速度的提高，长期以往，既降低阅读速度，也影响阅读理解能力。

复视习惯也影响阅读速度。复视就是重复阅读某些单词或句子，复视次数频繁必然会影响阅读速度。阅读理解能力差的学生经常重复阅读刚看过的单词和词组。

这不仅是因为他们的语言水平较低，其中还存在着一些心理障碍，即他们对自己的阅读能力缺乏信心，总以为没有看懂，阅读时不去努力探寻文章的基本思想和内容，而是抓住一个一个单词不放。阅读能力强的学生也会复视，但他们只是偶尔重复阅读某些关键性词句。

阅读能力差的学生的复视行为往往是习惯性的，次数相当频繁，即便是一些熟悉的词语或不难猜测其含义的生词也要往返阅读。

另一个影响阅读速度的习惯是“精耕细作”式阅读。许多学生英语阅读能力较弱，主要原因就是他们长期习惯于“精耕细作”式阅读方式，无论看什么文章，都喜欢逐字逐句地读，跳过几处难点总觉得心里不踏实，并过分依赖字典。

不少学生认为看一篇文章最好是能彻底弄清其含义并掌握其中几个有用的句型及新词，否则就是一无所获，浪费了宝贵的时间，此观点有很大的片面性。

把注意力过分集中于“精耕细作”式的阅读上有碍于学生知识面的扩大，也不利于培养学生在快速阅读过程中准确抓住文章中心大意的综合概括和理解能力，因而在极大程度上影响了阅读速度。

提高英语阅读能力的策略

造成学生英语阅读能力不强的原因是多方面的，其中有应试教育的影响，也有教学思路陈旧、教育观念滞后以及不良的阅读习惯等诸多因素的影响。作为一个英语教师，应该从教与学的实际出发，提高认识，解放思想，更新观念，拓宽教学视野，改进教学方法，帮助学生提高英语阅读能力。

1.提高认识，拓宽视野

未来社会需要的人才不是可以容纳大量知识的“机器”，而是能从知识的海洋中提取、分析和处理信息的高手。这就需要教师设法让学生带着目的去阅读，并获取所需的信息。同时，教师还应引导学生尽可能多地利用网络资源进行阅读，以拓宽学生的视野，增加他们的阅读量和拓展获取信息的途径。

2.注重实际，激发兴趣

心理语言学认为，内在动机是持续学习和取得优异成绩的真正动力源泉，而内在动机是由兴趣产生的，因此，兴趣是学好语言的关

键，兴趣是成功的基石。正如一位名人所言“有了兴趣就等于成功了一半”。

培养学生阅读能力的重要途径之一是激励学生对阅读产生兴趣。这就需要有意识有计划地指导学生阅读，引导学生积极阅读；另一方面要通过多种渠道和途径实施阅读教学，培养学生持久的阅读兴趣。

3.精心选材，难易适中

许多学生在做阅读理解题时普遍存在畏难情绪。要使学生对阅读有兴趣，选材是非常重要的。首先，难易要适度，材料过分容易，学生读起来没有兴趣。过深过难，学生虽然读了，但不能理解其内容，就失去了阅读的意义，也会使学生丧失信心。难易程度以阅读后理解的正确率达到70%～80%为宜，低于这个比例的材料就偏难，高于这个比例就太容易。太难太易都不利于阅读能力的提高。

在具体的阅读训练中，教师应根据文章篇幅的长短和内容的难易程度，科学地设定阅读时间和检测题目。对于篇幅较长、信息量较大但难度适中的阅读材料，可以采取快速阅读的方式，只要求学生捕捉重要信息和理解文章大意即可。

对于句子结构较复杂且生词较多的阅读材料，可以让学生通过查阅字典和上网搜索等手段自主学习，让他们亲自经历解惑释疑的过程，并充分感受成功的喜悦；对于反映社会深层问题的阅读材料，可以设计思考型问题，以培养学生分析问题的能力;对于体裁和结构清晰的阅读材料，应让学生了解不同文体的写作方法和技巧。

4.立足课堂，活用教材

高中英语教材中的课文是教学的中心，因此，教师应善于结合不同体裁和题材的文章，以提高学生对阅读材料的整体理解和把握。

教师应根据文章的体裁引导学生从不同角度关注材料的细节，并获取有用信息。阅读记叙文时，教师应要求学生把握五个要素，即时间地点人物事情经过和结果；阅读人物传记类文章时，应要求学生抓住文章的主线，注意时间词和方位词的运用、人物的年龄和出场顺序以及人物间的关系。

阅读说明文和科技小品类文章时，教师应要求学生注意文中事物的名称、日期、数字比较、功能和作用等；阅读新闻报道时，教师应先让学生确定行文方式是顺叙、倒叙还是插叙，对文中的数据不能简单地类加，对文中提到的地点方位要找准大的参照物等。

注重方法，讲究策略

考试题允许有不注汉语的生词，这就要求教师在平时指导学生时告诉他们，如遇到生词，切勿惊慌，只要抓住一定的线索，运用一定的方法，就可以猜出其意思。

猜词的方法有多种多样，可根据构词法知识、定义或解释说明来猜测词义，也可以根据对比关系、因果关系以及上下文暗示来猜测词义。

要求学生遇到较易的题时，要快中求稳，遇到难题时要冷静思考，慢中求对。如遇到个别难题，知道在哪个段落，就指导学生直接阅读该段落。另外，在阅读一遍后，不妨再回到该段落，对其中的细节结构再进行仔细推敲，最后选出最佳答案。

在阅读过程中，教师应提醒学生避免一些不良阅读习惯。改朗读为默读，因为正常的默读速度要比出声朗读的速度快两倍以上。因此，培养学生用眼和脑快速扫视的阅读习惯很重要。

改心读为义读，教师必须努力使学生在阅读时养成直接用英语思维的习惯，因为心读同样影响阅读速度。改复视重读为自信阅读，在树立能读懂的自信心的同时，还要强迫自己的目光从左到右移动或大量阅读难度适宜的读物，这样学生就不会因遇到生词或不太懂的词语句子或段落而回过头来再看，以克服复视的不良习惯。

改“精耕细作”阅读为按意群默读，教师应培养学生快速阅读，让眼睛在每次停顿前，尽可能地多看几个词，把注意力集中在了解文章的大意上，不逐字去抠意思。另外，还可以让学生熟练掌握固定短语句型习惯搭配，以短语或句子为单位把文字送入眼睛输入大脑。

总之，正确的阅读教学方法有利于学生提高阅读技能。教师只有通过研究学生的认知特点和阅读策略，才能制定出切实可行的阅读教学法。当然，学生掌握了阅读策略并不等于阅读水平就一定会提高。

学生的年龄、性别、兴趣、认知风格、性格差异和已有的学习经验都会对阅读理解产生影响。教师应充分重视这些因素，并加强对学生的个别指导，并持之以恒地坚持下去，才能有效地提高其阅读理解的能力。

提高英语阅读的方法

阅读的过程是对语言的认知过程，阅读有助于巩固和扩大词汇、丰富语言知识、提高运用语言的能力。阅读可以训练思维能力、理解能力、概括能力与判断能力。“侧重培养阅读能力”是教学大纲规定的英语教学目的之一，是培养学生理解和运用英语技能的一个基本方法，又是落实交际实践性的主要途径。

英语阅读就是读者利用相关的英语知识和非英语知识去解读包含一定英语知识和非英语知识的阅读材料。英语知识是指读者英语语

音、词汇、语法以及篇章知识的总和。非英语知识是指读者英语知识以外的背景知识，即直接或间接获取的知识经验的总和。

加强阅读训练可以为学生创造大量获取语言知识和大量运用语言的机会和条件。在课内外的阅读中既可培养学生对语篇进行分析、综合并从中获得信息的能力，也能培养学生的审美情趣，学会欣赏英语文学作品的美，通过自然渗透，陶冶学生良好的情操。

近三年来，高考英语科对考生阅读能力的要求越来越高，主要体现在以下方面：阅读量加大、生词数增多、猜测词义分量加重、强化了语段、语篇分析。如何提高学生阅读理解水平及解题能力，以适应新的要求？

快速阅读训练

要达到《中学英语教学大纲》二级目标关于“读”的要求，教师应通过课文教学、补充阅读量，对学生进行快速阅读训练，使他们掌握阅读技巧，从而提高理解能力。以下是快速阅读的几种方法。

1.养成泛读的习惯

培养泛读习惯，要从课文教学抓起。每教一篇课文时，可以先让学生进行限时阅读，然后做阅读理解题。在整体吸收的基础上，要求学生对课文进行分段研读，在教师的指导下，掌握课文中的重点词语、句型和惯用法。泛读与精读的紧密结合，旨在形成能力。

帮助学生选好读物，是培养泛读习惯的关键。教师可帮助学生确定阅读目标，制订出科学的适合不同学生特点的阅读计划，以此来规范学生的阅读行为。选择读物时，应体现内容的思想性、广泛性、新颖性和趣味性、体裁和题材的多样性，从而激发学生的兴趣，增强他们搞好阅读的信心，扩大词汇量，提高阅读水平。

2.养成“成组视读”习惯

为了加快阅读速度，学生要养成“成组视读”的习惯，要训练

"扫视"意群、短语、句子甚至段落的能力，逐步改变一眼只看一个单词的习惯。同时避免指读、顿读、出声读、回读等不良阅读习惯。

3.养成计时阅读习惯

每次进行5至10分钟，不宜太长。要从阅读心理和阅读能力等方面确定阅读时间。长期坚持，学生的阅读速度会大大加快。

提高解题技巧

对于阅读理解中碰到的生词一般采用猜测的方法来解决，人名、地名、组织机构名除外。词义猜测是提高阅读理解能力的一种最基本的方式，也是一种非常重要的方式方法。

近年来，阅读理解题加大了分量，反映了高考加强对考生学习能力的考查。猜测词义的方法通常有两种，即根据上下文和构法知识。

段落的构成有其内在的规律性，其中心思想往往通过段落中的主题句来体现。因此，掌握这一规律，迅速找出主题句，从而抓住中心思想，达到感知整个语段的目的，对提高阅读理解能力大有益处。

推断题是考查学生通过文章表面文字信息进行分析、学生不仅要弄懂文章的字面意思，更重要的是要知道文章的潜在含义，不作无根据的猜测。

阅读理解是英语语言运用能力的一个重要方面。这是一种从理论到实践的检测。阅读要讲究方法，理解要讲究技巧。但所有的方法、技巧均是建立在语言基本功基础上的，不能唯技巧唯方法。只有辩证地运用方法、技巧，才能避免阅读教学中的种种极端，才能真正提高学生的阅读理解能力。

激发学生阅读兴趣

"兴趣是最好的老师"，兴趣是人们爱好某种活动的倾向。学生对英语越有兴趣，学习积极性就越高，自觉性就越强。因此在教学中要不断激发学生对英语的兴趣。教师应采用各种生动、有趣的教学方式激发学生学习英语的兴趣，如充分利用直观教具和电教手段为学生创设英语学习环境，增加气氛，激发学生的学习兴趣。

同时，坚持用英语组织课堂教学，用优美的语音、语调去感染学生，用风趣、幽默的语言去启发学生，选用实用、生动、有趣的例句，使学生在轻松愉快中获得知识；同时尽可能多地为学生创造语言实践的机会，如让学生用英语做值日报告，情景会话，教唱英语歌曲，做游戏，英文短剧表演和组织英语竞赛等。

让学生用学过的词语或句型表情达意，充分满足他们的表现及创造的欲望，使他们享受到英语学习的乐趣，从而产生强烈的学习要求和持续饱满的学习热情。另外还可以通过介绍英语背景知识、讲英文笑话和国外趣闻等，激发学生对英语的兴趣，引起学生阅读的愿望，使学生想读、爱读，从而收到阅读课事半功倍的效果。

进行系统的语法训练

决定英语阅读理解能力的因素很多，人们普遍认为，词汇量、文章的背景知识、阅读技巧的运用、母语阅读能力等都与英语阅读理解相关。就非英语专业学生而言，英语阅读理解的好坏主要是看学生的词汇，词汇量越大，理解得越快越好。

如果学生达不到一定数量的词汇，就难以运用分析、归纳、推断等能力。因此，要提高学生的英语阅读理解能力，教师应本着促进学生词汇学习由自发向自觉转化的原则，从构词法，一词多义，一词多译等方面来扩大学生英语词汇量，教会学生根据上下文和词根、词缀等猜测词义，为阅读理解扫除障碍。

阅读不是一种孤立的语言技能，它在掌握一定量的了解词汇的基础上还必须具备一定的语法。高职学生掌握的语法并不全面，因此有必要对他们进行系统的语法训练，特别是加强疑难句的分析与理解。而理解疑难句的关键在于把握句子的主干，掌握各句子成分之间的结构和逻辑关系，最终抓住句子的核心意思。

提高语篇分析能力

词汇、语法知识的掌握是英语阅读理解的先决条件，词句理解则是阅读理解的基础。学生的阅读理解的基础提高与否，关键要让学生学会对语篇的分析技巧。这是因为，它能培养或激发学生的创造性思维，有助于学生的语言能力和交际能力。

因此，在英语阅读教学中，教师所选用的阅读材料在题材上尽可能的涉及日常生活，传说、人物、社会、文化、史地、一般科技、政治和经济等；在文章的体裁上，应避免单一化，选用叙述文、描写文、说明文、议论文和应用文等。

与此同时，教师必须对学生进行文章体裁特点的详细分析，先结合文章标题和相关背景知识预测文体和主题，接着略读课文，验证预测情况，并通过问答、简述、绘图、列表等方法概括文章主要内容，掌握文章的中心思想。

然后分段阅读，找出各段主题句和各段大意之后，再查读课文，指出文章的转折词或过渡语，分析其逻辑顺序和作者的行文思路，同时把语言知识的学习渗入篇章之中。

最后让学生细读课文，体会字里行间的深层含义，进入更高层次的理解。使学生熟练地把整体阅读的方法运用到他们英语阅读中，提高他们的理解能力。

强化学生的阅读速度练习

阅读理解和阅读速度是阅读效率的两大因素。要提高学生的阅读效率，一方面必须加强对学生的快速阅读训练。快速阅读是一种有效的阅读方法，对培养学生提高阅读速度和理解能力具有建设性作用。

另一方面，教师在教学中还应全面地培养和训练学生的阅读技能和技巧，教会学生在阅读时如何运用略读和跳读这两种快速阅读方法获取信息的能力，鼓励学生利用预测、联想、类推和运用语言规则猜出文章的意思，使学生运用所学知识分析问题、解决问题的能力得到锻炼。

为提高阅读速度，可以采取随机方法来确定阅读训练的内容，让学生在规定时间内完成阅读和练习。阅读时要求学生集中精力，全神贯注，不能查字典和其他工具书，以提高阅读速度。

学生读完文章做完练习后，由教师宣布答案，同学换卷评分和报告分数，教师作好登记，随时掌握学生阅读速度和阅读理解两方面的进展情况。一旦发现问题就及时加以解决，然后，教师对文章中的一些语言难点，语法结构和文化背景知识加以点拨和启发，拓宽学生的知识面。

培养学生的英语文化基础

在阅读过程中，如果学生缺乏一定的文化背景知识，即使能认识每一个单词，也不一定能正确理解文章的含义。大量的语言试验说明，英语阅读的障碍不仅仅存在于词汇和语法方面，语言所承载的背景知识和文化信息也是阅读理解的主要障碍之一。

语言是文化的重要载体，语言与文化密切联系。长期以来，在英语教学中语言和文化的这种关系一直未得到足够的重视。而实际上由于不了解语言的文化背景，不了解中西文化的差异，在英语学习和用英语进行交际中屡屡出现歧义误解频繁，语用失误迭出的现象。

总之，阅读可以说是一个人的语言知识、背景知识和其他专业知识相互作用的过程，是根据已有的语言材料、文化知识和逻辑推断进行推测和纠正的过程。

因此，教师在教学中，只有充分调动学生学习的积极性，不断克服阅读过程中的不良习惯，鼓励学生正确运用阅读方法和技巧，不断加大阅读量，扩大英词汇量，才能真正提高阅读水平。

提高语文阅读的技巧

当拿到一本书时，应该在基本了解这本书的大体内容后，再决定是否值得花时间去读。那么，有没有一种提高语文阅读的方法呢？

快速阅读法

快速阅读法的关键是在瞳孔不运动的瞬间，能感知到较多的词汇量。如同我们平时所说的“一目十行”。通过快速阅读的练习，就能很快抓住关键词语，理解句子的意思。

比如在阅读“那么，有没有一种快速阅读的方法呢？”时，只要

抓住“有没有”“快速阅读”这两个关键词语，就理解这个句子的基本意思了。

据说，阅读推理小说能够提高阅读的速度。推理小说故事吸引人，进入大脑的单词量自然比内容深奥和陌生的书要多一些。像这样的书在休息时或睡觉前阅读，不但不是负担，还能使你掌握速读方法，对阅读其他书大有帮助。

拿到一本书后，先看书的标题和副标题、作者和出版者、编者的话和关于作者的说明；然后，浏览目录，阅读内容提要、前言或后记；最后，以跳读的方式大体翻阅全书，并注意出现在章节始末的小标题。

这样，就能基本了解这本书的内容，然后再决定是否值得花时间去读。有时为了寻找某些资料，筛选出自己想了解的信息，也得运用快速阅读法。这种阅读，要把自己想了解的信息牢记在心中，尽快移动眼睛扫描阅读，并注意运用标题、缩行、不同字体的标示等，帮助自己搜寻所需的资料。

除了运用浏览的方法快速阅读外，对长篇文章还可以采用预读的方法。所谓预读，就是当你读一本书的时候，可以先看开头的两段。接着只看以下各段的第一句，然后将最后两段逐字逐句读完。这样的预读可以使你迅速对文章的内容有一个概括的了解。

另外，还可以采用群读的方法进行快速阅读。群读，就是能使自己阅读时，一瞬间不是看一个字，而是看一个或是几个词汇。当然这种快速阅读的方法要进行一段时间的训练，才能做到。你可以找一篇比较通俗易懂的短文来进行“群读”，训练自己一次能“扫视”上3至5个字。这样经常进行训练，阅读速度就能大大提高。

细嚼慢咽法

运用快速阅读法，可以在较短时间里读较多的书，开阔眼界，扩大知识面；而细嚼慢咽的读书法，可以帮助你透彻理解文章的精神实质，巩固知识。两者是相辅相成的。

17世纪英国哲学家培根说：“有些书可供一读，有些书可以吞下，有不多的几部书则应当咀嚼消化；这就是说，有些书只要读读它们的一部分就够了，有些书可以全读，但是不必过于细心地读；还有不多的几部书则应当全读，勤读，而且用心地读。”

我们精读一本书，可按“浏览、发问、阅读、复述、复习”五个步骤进行。首先，看一下书的目录、前言和章节提要。这些内容是作者用来提纲挈领地点明主题、主旨、主要思路的。从中还可发现作者论述、证明的纵横脉络。

有许多人一本书读到底，能够复述其中零星字句，却无法概括全书的主要内容，如同没看没读一样。养成通览全书的习惯，你会发现自己在读书时将进入一个崭新的天地。即使曾经读过的书，重读之下也会有旧友新知之感。

其次，在正式阅读之前还可给自己提问：我为什么要读这本书？这本书中的哪些内容是新鲜的？其中的哪些论点及论述方法又是我尚未了解的，等等。心中有了这些疑问，再去看书，就能有的放矢，尽快抓住书本的精髓。然后是阅读。心中有了框架，围绕自己的问题进行阅读，而不只是认字、默念或简单记忆。

复述也绝不是逐字逐句地硬背，而是回想所看内容的提要，用自己的话表述出来。这不仅能加强记忆，而且能加深对内容的理解。最后的复习，是在整本书读完之后，再回过头来对整个材料做全面的思考和讨论，可以与曾学过的其它材料进行比较。

作家茹志鹃曾经说：“书，光看是不行的。看了故事情节等于囫囵吞枣。应该读，读，就仔细多了。然而读还不够，进而要煮。‘煮’是何等烂熟、透彻，不是一遍两遍可成的。”她所说的“煮书”就是精读、熟读，一直读到心领神会，恍然有得，从而获得更深层次上的记忆和理解。

俗话说：“熟读唐诗三百首，不会作诗也会吟。”熟读、精读的过程是一种积累。熟能生巧，积累多了，妙处也就显露出来了。

圈圈点点法

首先要说明的是，不要过分爱惜书籍。有的同学买来新书，马上用包书纸包好。我觉得一本封面设计得很漂亮的书，包上了包书纸，既是一种浪费，也不容易识别。当然给天天要使用的课本穿上外衣不在此列。有的同学看书时又舍不得在上面圈圈点点，这其实不是阅读的好习惯。

读书要动笔，所谓“不动笔墨不读书”。鲁迅先生提出读书要“眼到、口到、心到、手到、脑到”。读书动笔，能够帮助记忆，掌握书中的难点、要点；有利于储存资料，积累写作素材；也有利于扩大知识面，提高分析综合能力。

你有作圈点笔记的习惯吗？在阅读属于你自己的书籍时，你可以随时在书的重点、难点、精彩之处，划线或做各种符号。如直线、双线、圆圈、黑点、交叉、箭头、曲线、红线、蓝线、方框、疑问号、惊叹号、大于号、小于号等等。

有些精读的书，还可以用不同颜色的笔划线，以示区别。比如，在重点行下面划上红线，在难点行下面划蓝线等等。每种线条和符号代表什么意义，应由你自己来掌握。

读记结合法

为了帮助阅读，除了在书上圈圈点点，你还可以作些批语笔记、摘录笔记、提纲笔记。批语笔记是在阅读时，在文章的“天头”、“地脚”和其他空白处，随时写上自己的一些看法或体会。这样做的好处是便于以后阅读时提请注意，这是一种灵活、简便的读书笔记的好形式。清代金圣叹批点《水浒》，毛宗岗评点《三国演义》，都属于这一类读书笔记。

摘录笔记，可以摘录在本子上，也可摘录在卡片上，摘录时应注意不要断章取义，不要改动原文的字句和标点。最好自拟一个不违背作者原意的确切标题。

提纲笔记是把文章的提要写出来，力求抓住重点，概括出基本内容。文字须简明扼要，但注意不要把自己的看法和感想写进去。提纲笔记对以后自己在写作中的资料运用会很有帮助的。

读书的过程，不要忘了动笔。读记结合，能够帮助你更好地理解作品，更好地掌握作品的精华部分，特别对以后的再阅读带来很大的方便。

读书笔记法

读了一本书或一篇文章以后，把自己体会最深刻、最有意义的部分写成心得笔记，是一种很好的读书方法。心得笔记的形式多种多样，没有固定格式，可以先“读”后“感”，可以边“读”边“感”，也可将提纲笔记和心得笔记合在一起写出。

读书动笔，是一种很好的读书习惯。读书写作有三种方法，一种是蚂蚁式，专门搜集人家的成品，搬运在一起；一种是蜘蛛式，阅读

的东西不多，凭自己腹中有限的材料来编织文章，总有枯竭之感；还有一种是蜜蜂式的，不断吸取群芳的精华，再经过自己的消化，辛勤酿造而成。不用说，蜜蜂式的读书写作方法，是最好的方法。

平时口袋里总是带着小本和笔。有时读报，翻看杂志，看到值得记下来的，就及时掏笔记下。有时不方便，简单地记上几个能帮助联想的词汇都行。到晚上整理笔记时，再分门别类。可别轻视了这样点点滴滴的积累。

俄国作家果戈理曾说："一个作家，应该像画家一样，身上经常带着钢笔和纸张。"希望你能坚持写读书笔记，把自己阅读所得记录下来。它能锻炼你的阅读理解能力和文字表达能力。我们平时读到的一些作家的随笔，大多是记录他们对某件事、某个人、某本书的感想。这样的读书笔记，是很有价值的。革命导师恩格斯的《反杜林论》、列宁的《国家与革命》，其实都是他们的读书笔记。

笔记本是读书的得力助手，它的功能是摘抄学习重点，记录自己的理解和体会。正确地使用笔记本，才能更好地发挥它的功用。笔记本最好只用半边，另半边留下作空白，以备作补充或注解及提示用。另外要在笔记本的封面上记下笔记本的类别，还要在第一页上标明本册笔记的目录。"不动笔墨不看书"，是前人读书的经验之谈，很有道理。愿你在实践中，能真正体会它。

默读朗读法

读，包括默读和朗读。默读的速度快，快速略读、浏览、群读都得依靠默读来完成。当我们进入精读状态后，更离不开默读。这时的默读，不能一目十行地扫描，而应该逐字逐句地去读。

默读不像朗读，需特别把握的是认真、专注。因为朗读时遇上拗口的字、词、句，遇上生字、别字，非得停下来疏通了才能往下念。而默读对难点则可以跳过去。如果养成了在默读中什么都可以"跳"

过去的习惯，时间长了，那你将会遗漏很多“知识点”。

为了更有效地读书，或者读更多的书，默读可掌握这样5个要诀：

1.带着问题去读书

在读书之前，思考一下自己从这本书中需要了解什么，得到什么。然后一边阅读一边寻找自己想要得到的信息，快速找到自己需要的内容，其他的便一带而过。

2.从感兴趣的章节开始读

枯燥的你不感兴趣的地方，跳过去，从自己感兴趣的精华、精彩处看去，从作者正式阐明的观点，自己想了解的内容入手，然后紧紧抓住其主要部分进行精读。从感兴趣的地方读起，可节约时间，多读些书，还可以避免一下子遇到过难的内容，半途而废。

3.重点地方夹张纸条

夹纸条省力省时，下次翻到那一页时，想想当初为什么在此夹纸条，容易加深记忆。

4.训练默读

有人喜欢出声读书。其实，人说话的速度再快，一秒钟也不能读10个字。超过这个界限，就听不懂读的是什么了。视觉接受的信息速度快而且量大，最高每秒20多个字。要是边读边理解，每秒只能记住5个字。默读的方法可以大大提高阅读速度。默读不是在心里一字一句地读，而是用眼追逐文字的同时，理解其中的意思。

5.多读推理小说能训练阅读速度

推理小说故事吸引人，进入大脑的单词量比内容深奥和陌生的书要多一些。像这样的书在休息时或睡觉前读一些，钻进文字堆里，不但不是负担，还能使你掌握速读方法，对阅读其他书籍大有帮助。

朗读背诵法

朗读，是在理解作品的基础上，用有声语言对作品艺术的再创造。对朗读者要求深刻地把握作品的实质，通过发声技巧及节奏、语调的综合运用进行艺术再现。这需要通过一定的训练方能达到。朗读式训练方法就是这样一种有成效的方法。它包括低声读、高声读、快速读、模仿角色读、面对听众读等。

1.低声读

要求低声细吟慢读，领会所读作品的内容。在低诵中细细揣摩作者传情达意的文字技巧和表现方法。这种方法常用在读优秀的诗歌、散文、戏剧和小说片断。

2.高声读

通过高声诵读传达出作品的内在情感和蕴意。在诵读的基础上对佳句、佳段甚至全文全篇作背诵，既加深对文章的理解又加强记忆。

3.快速读

在限定的时间内快速诵读作品，并且逐次加快速度，最后做到一气呵成。它可以训练高度灵敏的思维、极好的记忆和口才。

4.模仿角色读

在阅读文学作品时，自己模仿演员扮角色，揣摩各种人物的语气、语调、心态和神情，使自己进入角色，高声、反复朗诵台词，找到身临其境的感觉。面对听众读是要求你面对听众，比如你的同学或是家人，有声有色地朗读。

提高物理阅读的方法

随着《新课程标准》的实施，为了减轻学生的压力，考试的方式也更加灵活多样，给予学生更多的自主选择空间。伴随着考试题目的创新。对学生阅读能力提出了更高的要求，学生如何快速读懂题目，领会题目的内涵，这就要求教师平时要加强学生阅读能力的训练。

课堂教学是教学工作的中心环节，也是提高学生阅读水平的关键一环。根据课文中的具体物理现象、物理故事、物理规律的描述等阅读内容，联系生活实际，创设教学情境，让学生在这个情境中去感

悟、去思考，达到阅读理解的目的。同时，也可以使学生尽快形成并掌握正确的阅读方法。

适量预习题，带着问题阅读

学生的阅读能力有限，放手让他们在课前阅读，在这种漫无目的的阅读中，他们往往因为抓不住重点而一无所获，时间久了，课前阅

读就会成为学生为了应付老师的无奈之举，名存实亡。这样的阅读是在扼杀学生的学习积极性，阻碍了学生对物理知识的探究欲望。

因此，在新课教学前，根据教学内容，适量的预习。题目的答案可以通过阅读课本获取，也可以通过上网查询。对于学生在阅读中不明白的问题，作为课堂教学的重点去讲解。这样大大提高了教学效率。也使学生听课有一定的目的性。

精读、粗读多种方法共举

对浅显易懂或一般性的知识，如匀速直线运动、噪声的控制、光的直线传播及为拓展学生视野而设置的STS、科学世界等内容，可以粗读，了解基本内容或科学技术与社会发展之间的关联。对学生中遇到的重要的、难以理解的概念、规律、各种测量工具使用方法、实验探究过程的设计等要咬文嚼字，仔细推敲。

如定义“功”时把力和在力的方向上移动的距离的乘积叫做功，阅读时要咬在关键词力的方向上，还要仔细推敲功的含义是什么？又如天平的使用方法中在左盘放好准备称量的物体，向右盘中尝试着加砝码时，应该先加质量大的还是先加质量小的？当然这里左盘放物体，右盘加砝码是关键词，还要仔细推敲出先加质量大的后加质量小的，不这样做又会出现什么情况。

再如牛顿第一定律一切物体在没有受到力的作用的时候，总保持静止状态或匀速直线运动状态，若把“或”换成“和”，意思就完全不同了，或表示只在运动和静止两种状态中存在一种状态，而和表示两种状态并存，这是不可能的。

带着问题阅读，阅读中提出问题

通过课堂教学，学生对所学内容已经有了一定的认识，但并不能全盘接受，回到家中，在做作业之前带着问题读书，能让学生的阅读有目的、有针对性地进行，学生在阅读的过程中思考，就会有一种成功的喜悦，也能提高阅读的兴趣。

物理教材每章开头都有两三个问题，许多章节设置了想想议议，每节都有大量的导向性问题，如人耳是怎样听到声音的？什么是立体声？为什么通过光缆可以观看有线电视？有人说融雪的天气比下雪时还冷，这种说法有道理吗？学生见了这些扣人心弦、关键而奇妙的问题，会信心百倍地阅读课本，从中寻找出问题的答案。

阅读只是给我们提供一些知识素材，是思考把所读的内容变成我们自己的东西。思考过后必然会提出大量的新问题，教师在引导学生阅读中不仅要充分利用课本中已有的问题，而且要善于抓住时机启发提出这样或那样的新问题，并从阅读课本中找出答案，从而猎取和升华知识。

例如：力可以使物体发生形变，也可以使物体的运动状态发生改变，适时提出：这里运动状态指什么？状态发生改变有哪几种情况？通过这样的提问，学生阅读课本经过思考找出答案，变成自己的东西。

新编物理教材特点之一就是大量插图的增加，其中大多又采用适合青少年心理特点的卡通漫画手法绘制，形式多样，在教材结构中起到了画龙点睛的作用。在阅读中，引导学生注意插图与文段的联系，以阅读文段来诠释插图，以阅读插图来丰富文章的内涵，使学生如闻其声、如临其境。

俗话说：不动笔墨不读书。眼过千遍不如手过一遍。学生阅读时要在教材上做好勾、划、批、注等标记。如对热量这一概念，阅读时可注解为：它不是状态量；热量是能量交换的表现，是个过程量，它存在于物体吸、放热这一过程中，一个物体谈不上热量。

诱导、强化训练，养成阅读习惯

习惯是在一定情况下，主动化的进行某种活动的特殊的心理倾向。阅读教学要走出目前费时低效的境况，物理教师应牢固树立以学生为主体的观念，努力在阅读教学中培养良好的阅读习惯，从习惯上做文章，学会读书，使其终身受益。

1.启发阅读的自觉性

启发阅读的自觉性，增强形成阅读习惯的心理动力。阅读的自觉性是提高阅读能力、养成习惯的先决条件，只有让学生产生了读的欲望，才可能自愿去读。

教师要不断的教育学生，让他们把阅读视为生活中不可缺少的组成部分，让他们感到阅读是生活的一种自然，形成一种习惯，有空就读。在阅读过程中要尊重学生的独特体验，尊重他们多样的阅读兴趣，让他们培养良好的阅读习惯，在潜移默化中培养、提升阅读能力。

2.用好教材这一载体

新课教学中，以旧知识为基础，以旧启新。结合新知识给学生设置一定的疑念，留足够的阅读空间，让学生带着不安全感阅读教材，解决新问题。

对重要的概念规律和重点内容，让学生反复阅读，认真思考，从教材中找出其内涵，准确地理解掌握；在章节复习时，要求学生在阅读教材的基础上，用简练的文字或直观的图表等就某一内容进行高度概括，归纳要点，让学生通过阅读不断解决问题的过程中养成良好的阅读习惯。

3.欣赏课外阅读材料

赏析课外阅读材料，增加物理阅读深度，促进学生课外阅读的习惯，提高物理阅读水平。课本仅仅是学生阅读内容的一部分，为了开阔学生的视野，

为了给学生学习物理提供宽厚的知识背景，增加学生知识的深广

度，教师应鼓励学生广泛阅读。一是多读一些与物理课程联系紧密的书、报、杂志，从中汲取更多的营养；二是多读一些科普书籍，如介绍物理学发展史、物理学家的事迹、物理学在现代化建设及实际生活中应用的报刊、杂志、书籍等。

通过广泛阅读，不仅使学生在无意识中积累了科学知识，接受科学方法的熏陶，而且增加了学生的学习兴趣，培养了学生的科学态度及科学的思维方法。

4.学习制作、发明

开展小制作，小发明的评比活动，培养学生的阅读热情。物理来自于生活，服务于社会，给学生提供一个展现的舞台，学生将会投入更多热情来获取更高层次的知识。

培养良好的阅读习惯绝非易事，是一项循序渐进的长期工作，应该从整体着眼制定整个初中阶段的培养计划，然后分学期实施。只有反复的、严格的训练，才能培养养成良好的阅读习惯。教师要加强检查督促，必要时进行耐心的个别指导。对于缺乏恒心的学生，既要严格要求，又要发现其点滴进步，及时加以鼓励。

古人云："得一鱼可饱一餐，得一渔则可饱食终生。"培养提高初中学生学习物理的阅读能力，是为学生的继续学习、为将来构建创新的平台打下基础。重视物理阅读，培养学生的阅读能力，是培养学生自学能力的前提，是终身教育、终身学习这种现代教育思想的体现。

只要让学生在反复阅读教材中逐步学会自我学习的方法，学会独立研究问题和独立解决问题的方法，自我更新知识的能力就能得到提高；只要让学生的阅读习惯有所改善，课堂上就明显沉得下来，学习主动性增强，掌握概念和公式的准确率有所提高，解题时对题意的理解更全面，学习中也就会发现问题、提出更多的问题。

现代文阅读的解题技巧

学生在做现代文阅读类的题型的时候，要理清文章的思路，文章的每一段、每句话归根到底都是为阐明中心服务的，都归向文章的主旨。平时要学会为文章标段，归纳每段意思，归纳中心思想。往往行之有效。

纵观全文，把握主旨

找寻、读懂文章中关键的词句，特别是那些体现作者立场观点、反映文章深层次内容、内涵较丰富、形象生动的词句。尤其是文章的开头句、结尾句、独立成段的句子、比喻句、连问句、过渡句、抒情议论句，文章的主旨常常隐含其中。

不要急着去做题，在进入题目之前，必须读两遍文章。第一遍速读，作快速浏览，摄取各段大概

意思，建立起对文章的整体认识，集中解决一个问题：选文写的是什么？第二遍精读，仔细阅读每句话，揣摩、参悟一些重要的句子、段落，对文章的主旨产生一定的认识。

画出在文章的结构上起过渡、连接作用的词语、句子、段落，画出各段落中的中心句，尤其注意段首、段尾，这些词句往往就是回答问题时需要重点研读的，通过找重要的词句进一步理解文章的思路，结构层次。

心中要有文体意识，找出画龙点睛的句子。作为托物言志类的哲理性散文，在叙述和描写中总有一些议论和抒情的语句，阅读时一定要善于抓住议论抒情的句子去把握文意，尤其注意文章结尾的议论抒情，它们往往就是全文的主旨所在。欲速则不达，一定要读懂文章再做题，坚决杜绝走马观花式的阅读。

认真审题，定向扫描

做现代文阅读主观题的关键在于准确地审题，抓住了审题这个关键，就找到了答题的诀窍。现代文阅读的审题，就是要仔细分析题干，把握题目要求，即把握题干中包含的与答案相关的各种信息。这是答题的第一步，也是最关键的一步。

题干一般由两个部分组成，一是文章作者的话，一是命题者的话。设置题干的目的，主要是限定答题内容；同时，命题者为了使考生不至于茫然无绪，往往又会在题干中提示答题内容在文中的位置，甚至限定了在哪一段或哪个句子中。这样我们就可以根据题干的提示，找出每一道题的出题点，锁定答题区间，具体到段、句、词。

只要找准了原文中的相关区域，认真揣摩上下文的文意，准确抓住关键词句，准确地把握住答案的有关信息，大多数题目的答案是能够在原文中找到的。题干提示了答题范围，题干规定了答题角度，题干提供了答题思路，题干隐含了答题信息，题干体现了答题规律。

筛选组合，定向表述

文学作品阅读多为主观题，其题干不仅能显示答题的区域，还能显示答题的方式。要站在命题人所“问”的角度回答问题，问什么答什么，使所答充分、到位、准确、有条理。整合时一定要确保文通句顺。

1.弄清题干的态度或倾向

遇到的题干如果是否定形式，就采用先反后正的答题方式，避免遗漏要点；遇到的题干如果是肯定形式，就采用正面的答题方式。

2.弄清题干的语言构成形式

题干的结构，是表意的外在形式，暗示着语句含义由哪些方面构成，分析结构可以提示考生答题时如何组织好语言。

3.弄清题干中作者和命题者的话

题目中出现作者的语句，一般是学生要理解和分析的对象，而命题者的话一般起到引导学生明确解答重点或者提供限制条件的作用。

4.变含蓄为直接，变分说为概括

考试中的现代文阅读材料多为散文，语言不仅有丰富的内涵，还很讲究艺术技巧。有的含蓄委婉，有的生动细腻，有的形象具体，具有这些特点的语句在高考中历来成为考查的重点。

组织答案的时候首先要整合文中的相关信息，在原文中找出相关段落所传达的信息的共同点，然后利用文中附着信息共同点的那些具体的、形象化的语句，把这些具体形象化的语言转换为抽象，概括性的语言，即为所需答案。

5.多从原文中寻找和整合答案

现代文阅读的考查目的在于把握并理解作者在文中所要传达的信息，因此，要依照作者的思路来理解作品，多从原文中寻找答案。

但并不是直接摘抄，有时以文章中的词或句为基础略作改写来作答，有时要求纵观全文，从各段中提取相关信息加以整合。这类题在高考中出现最多。另外，要弄清试题中常用的名词术语。

表达方式，常用的表达方式有记叙、描写、议论、抒情、说明等。写作手法，狭义的写作手法即“表达方式”，广义的是指写文章的一切手法，诸如表达方式、修辞手法，先抑后扬、象征、开门见山、托物言志等。修辞手法，常用的有比喻、拟人、反复、夸张、排比、对偶、对比、设问、反问等。

语言特点，一般指口语的通俗易懂，书面语的严谨典雅，文学语言的鲜明、生动、富于形象性和充满感情色彩的特点。分析时，一般从修辞上进行分析。感悟，多指发自内心的感受、理解、领悟等。说明文的类型，事物、事理说明文；平实、生动说明文。

说明方法，一般有举例子、分类别、列数据、作比较、下定义、作诠释、打比方、画图表、摹状貌等。说明顺序，时间顺序、空间顺序、逻辑顺序。考生在答题时，可答得具体些，如：空间顺序，逻辑顺序。说明对象，指文章说明的主要人或事物。

论证方法，中学要求掌握的有道理论证、事实论证、对比论证、比喻论证、归谬法。论证方式，立论和驳论。理论论据，包括名人名言、俗语谚语、公式定律等。事实论据，一切事实、史实、数据等。

以上各“常用术语”，暗中考查学生的语文基础，同时也是题目赋分点所在，学生理解清楚，可很好地根治“答非所问”的弊病。

提高历史阅读的方法

阅读理解能力是学习能力中最基本的能力，是各科教学中都要培养的能力。不重视培养学生的历史阅读能力，这样就会使学生在这方面的能力未能得到很好的开发，进而影响到学生以后的历史学习。

最直接的表现就是在做史料分析题时，表现出解题能力差，不会很好地运用史料，这在几次会考中都有所表现。因此，在日常教学中，注重培养和提高学生的历史阅读能力是重要的教学行为方式。

对于学生来说，阅读理解就是学习书面也就是教材内容的潜在意义，然后把理解的潜在意义同认知结构联系起来，以便领会这种意义。历史教材是学生的主要阅读材料，如何依托教材使学生学会阅读技能，提高阅读能力呢？

培养历史阅读能力的重要性

在教学中，要使学生认清历史阅读在整个历史学习中的地位，认识到掌握历史阅读的策略和方法的重要性，从而自觉地努力提高自己的历史阅读能力。

许多学生不能掌握知识，乃是因为他们还没有学会流畅地阅读、有理解地阅读，还没有学会阅

读的同时进行思考。最主要的他们还没有认识到阅读的重要性。“阅读是人类特有的最普遍最持久的学习方式”，一个人要学会学习并且能够终身学习，首要的和基本条件就是要学会阅读。

培养历史阅读能力先从教师导读开始

阅读能力不可能是天生具有或自然形成的，特别是理解材料的能力，必须经过学习和训练才能具备。我国著名教育学家叶圣陶说：“阅读要达到真正理解的地步，是要经过练习的，这是一种技能。凡是技能，惟有在实践中才能练就。所以阅读的技能要在阅读各种文件或书籍报刊中练习。”

在教学中，阅读包含“学生自读”和“教师导读”两个方面。两者相辅相成，缺一不可，其中学生的“读”的实践制约着教师“导”的方式，教师“导”的水平又决定着学生“读”的质量。但对于阅读教学成败来说，“教师导读”乃是关键。没有教师的导读，学生的自读将会成为没有目标的盲目探索，讨论交流将变成不着边际的瞎谈。

所以教师在指导学生的阅读时要设计好一系列问题，环环相扣，引导学生深入阅读。比如，在讲第一次世界大战时，先问：战争为什么结束了？又问：美国为什么放弃中立参战了？这个问题教材上没有具体材料，这就要靠学生平时的历史阅读材料的积累了。再问：俄国为什么退出了战争？追问：俄国发生了什么革命？这个问题就会导引学生对后一课“俄国十月革命”的关注。

这样就把学生学习历史的兴趣调动了起来，他们会从内心深处产生一种急于探知真相的强烈欲望。此时再要求学生自读课文和其他历史史料就会达到事半功倍的效果。

提高历史阅读能力的方法

无论哪种类型的历史阅读，其核心都是理解，所以理解就成为中学历史阅读的基本方法。理解的方法就是要按照历史知识的结构进行。一般来说，历史知识的结构要素包括：基本要素；历史事物产生前的背景要素。

历史事件的本身要素：过程、经历、内容、状况等；历史事件产生后的评价性要素，指性质、作用、影响、价值、地位和特点等。我们可以概括为“五要素”，每一个历史事件都是由“时、地、人、事、义”五要素构成的，“五要素”涉及的信息点都属于历史基础知识，既是识忆的基本点，也是知识和能力考查要求的“再认、再现”的基本点。

时，指时间观念。

有跨越几年甚至几十万年的相对时间观念，也有必须精确到某年某月某日的绝对时间观念；地，指空间观念。有确指的具体地名，也有泛指的区域、地域范围；人，历史进程是由人的活动构成的，活动者既有个人，也有群体；事，指事件的起因、经过、结果。义，指事件的意义、性质、作用、影响、经验教训、成败原因、评价等。

学生在阅读时要认识和掌握历史知识的结构，为进一步运用知识创造条件，所以，理解地去读，不仅是历史阅读的基本方法，也是整个历史学习的基本方法。

1.按知识的框架结构去读

在每一单元前，要求学生先读导言，每一单元的导言都是对这单元内容的概括，对学生整体了解这段时期的历史事件是很有帮助的。

历史课文中的每一课、每一目、每一段的每个内容、一个内容中的每个问题、每个问题中的每个知识点之间都有联系。在读的过程中，让学生从大方面入手，弄清它们之间的联系，最后再将着重点放在掌握知识点上。通过读书，要求学生分析、归纳课文内容，概括为要点，用简练的语言表达出来。

2.反复阅读理解教材

在读的过程中，课文中的重点内容要求学生要细读、精读，要逐字、逐句、逐段，反复阅读。现在有很多学生不愿去读，他们只喜欢听，但往往是听过就忘，最终还是没能掌握历史知识，甚至对历史产生不了兴趣。

因而，只有在教学中充分发挥教师的主导作用，充分利用上课时间，让学生去读，去感受历史。要求学生掌握每个知识点，突出重点；对生僻的字、词、人名、地名或书名等要准确识记、不写错别字；对一些过渡性内容、课文补充的小字内容要求学生粗读。

3.带着问题去读

教师在讲解之前，先提出问题，学生带着问题去朗读或阅读，引起学生注意，启迪学生思考。

例如讲俄国的十月革命时，我准备了这些问题，十月革命是在什么情况下进行的？俄国人民为什么要进行二月革命？二月革命爆发于何时，结果如何？革命后俄国出现了什么局面？由此，就可以引出俄国进行十月革命的原因。学生阅读后基本上能按照课文准确地做出回答。

4.边读书边思考

带着问题去读，当然是要学生读书时要进行思考。读书是手段，读出问题、归纳出知识点、加深对教材的理解才是目的。

总之，学会阅读是学生学会学习的基础，有利于学生的可持续发展、终身发展。学生是学习的主体，阅读是学生获取知识的重要途径。要提高学生的历史阅读能力需要教师发挥主导作用显现学生的主体作用，采用合适的方法，让学生去听、去说、去读、去学、去思，做到耳到、眼到、手到、心到，学会阅读，提高阅读能力。

提高探究性阅读的方法

对课文的内容和表达有自己的心得，能提出自己的看法和疑问，并能运用合作的方式，共同探讨疑难问题。那么，怎么在阅读教学中适当运用合作学习的方式，逐步培养学生探究性阅读的能力呢？

在阅读教学中如何摆正“教和学”的关系：教师为主导，学生为主体，教师的教为学生的学服务；如何处理好知识的传授和能力的培养间的关系。我在课堂中加强了学生合作学习的目的就在于此。

那么，什么是“学生合作学习”呢？它是指从学生的心理需要出

发，通过几个学生间的相互协助，共同完成一定的课题和学习任务，以期达到每一位学生在认知、情感、能力诸方面都能积极和谐地发展的效果。这一教学形式，在以往的课堂教学中虽有涉及，但其组织形式都不够明确具体。

我将班内学习按组内异质、组间同质的原则，根据学生的性别、兴趣、学习动机、交往技能等情况合理搭配，组成14个学习小组，组内包括1名优等生，2名中等生，1名理解、分析较慢的学生，组员在小组中建立积极的相互依存的合作关系。那么，为什么说加强学生合作学习能够提高学生探究性阅读的能力呢?

自由发表意见，锻炼表达能力

学生课堂参与的形式多样，要提高学生课堂参与效率，改变少数尖子生唱主角的局面，在教学的关键处，重点处，设计学生合作学习的环节。因为，学生在合作学习中会消除畏惧心理，乐于发言，乐于读书。

比如，在《燕子》一课教学中，叫学生理解“停着的燕子成了音符，谱出一支正待演奏的春天的赞歌。”这句点明中心的话时，就布置了学生合作学习，并且要求一会儿每个合作学习的小组推荐一名还没有发过言的同学来汇报学生合作学习的学习情况。

学生听后，马上投入到热烈的讨论和积极的准备之中，课堂气氛十分活跃。这一环节的设置，既调动了每个学生的学生积极性，也为没有发过言的同学创造了发言的机会，从而使学生的表达能力得到充分锻炼。

互相启发学习，提高阅读能力

语文课有一项特定的无可推托的责任，就是教给学生阅读方法，进行种种计划的阅读训练，以增强学生具有比较高的阅读能力。

阅读能力指什么？是指通过阅读能够独立地获取知识的技能。由于每个学生的这种技能存在着差异，给提高课堂教学质量带来了一定的难度。而小组合作学习，通过学生之间的互相启发、帮助和学习，就能相对地平衡这种差异，提高阅读能力，从而让每一个学生都获得成功的喜悦。

合理分工合作，体现主体之位

有效的合作学习方式必须建筑在学生个体学习的基础上，没有个体切实的学习为基础，合作学习就会流于形式，完耗时间。因此，小组合作学习的成效如何，组长至关重要，他们必须经常培训，如：教会他们如何组织协调小组的学习，如何在小组中发挥自己的榜样示范作用，如何对教师布置的学习任务进行分工合作等。

在课堂上，小组合作学习主要包括小组讨论和组内朗读课文。讨论内容一般是需要通过互相启发来扩展思维的“多维性”问题；需要通过反复推敲才能准确把握的“聚焦性”问题，包括教学重点、难点、有统领全局性的问题；需要通过共同协作来提高学生效率的集体性作业。根据讨论内容的不同，讨论形式可以是诊断式、辩论式、连锁式、分割式等。

学生在讨论时，教师不是局外人，学生合作学习，自主探究中教师的巡视、点拨、参与以及要求学生按照规则来交流汇报结果，这些指导不仅仅是为了帮助学生潜心研究，更是为了培养学生良好地解决阅读专题的能力。

同时，提高探究性阅读的效率，更是为了培养学生良好的探究性阅读的意识、习惯和能力，因为对于探究性阅读来说，探究过程往往比探究结果更加重要，学生的探究能力是在具体的探究过程中逐步形成的。

在重点词句的研究中放手让学生自行探究，这样把课堂还给学生，让他们自主学习，凭自己的知识积累、思维方式和学习习惯去发现问题，提出问题，并尝试自己解决问题，学生学习的积极性高涨，读思结合，在研究中获得了成功.通过实践，我们发现，学生在和谐友爱的教学氛围中，乐于参与学习，充分体现了他们是课堂上真正的学习主人。

组间展开竞赛，促进主动自学

在小组合作学习中，每一个组员不仅自己要主动学习，还有责任帮助其他同学学习，以全组每一个同学都学习好为目标。教师则根据合作小组的总体再现进行奖励，学生是因自己与过去比较而获奖励。

心理学家格拉塞博士强调：教室里的学习应当充满乐趣，否则学生就不肯下苦功学习。因此，我们在黑板一角画有“互帮互助、共同进步”的积分表，让组与组之间展开竞赛，使全班学生在学习上出现你追我赶的局面。

这样一来，就使小组成员形成一个密不可分的整体，这对那些学习动机、毅力、责任心相对较弱的学生会产生积极的群体压力，从而产生学习的动力，也能自觉地从事学习活动。

比如，为了能在课堂上积极发言，多为小组加分，许多同学就在课前进行自学：轮读课文，进行正音、评价；围绕课后思考练习对课文进行质疑问难；精读课文，分析体会写作方法等。针对这种情况，为了更好地培养学生的学习习惯，提高自学能力，教师得有目的有步骤地传授预习课文的方法和读书的方法。

综上所述，合作学习较好地体现了以学生为主体，使学生会学、乐学，而且使学生爱同学、爱集体，并有利于培养学生的合作意识、社交技能，从而使学生的素质全面的提高。只要我们始终把学生当作学习的主人，为学生着想，为学生服务，扎扎实实地进行训练，那么离“自能读书”的境界就不会遥远。合作学习，确能提高学生探究性阅读的能力。

提高阅读的批注技巧

读书看报离不开阅读，学习语文更离不开阅读，从某种意义上说，阅读将伴随着人的一生。但是怎么提高学生的阅读能力，形成独立的阅读个性？这是一个值得深思的问题。

阅读是学生的个性化行为，不应以教师的分析来代替学生的阅读实践。阅读教学的重点是培养学生具有感受、理解、欣赏、评价的能力。

学生是一个个具有独立思想的活生生的人，他们由于所受的经历、所处的环境不同，从而产生不一样的阅读体验，正所谓一千个读者就有一千个哈姆雷特，我们的语文教学正是因为有了这一千个读者，才会呈现精彩纷呈、百花齐放的局面，才会焕发出生命的活力。

改变了以往的口头式、表格式等评价方式，把目标定位在批注上，这种评价方式贴近阅读教学，具有可操作性，能用于教师自我反思，能有效提高学生阅读水平。这种评价方式运用批注能够实现一种内化的互动，表现在：学生与文本的交流；学生与学生的交流；学生与教师的交流。

感想式批注

如果一个人动了心去读文章，就一定会有或深或浅的感想。为了培养学生边读边想的习惯，我们要求学生在读了文章之后，随时在旁边写下自己的感想。

如学生在读了《全神贯注》一文的最后一段写下了这样的批注：通过阅读，我被罗丹工作时聚精会神、全神贯注的精神深深地感动了，使我也想了许多，在我的身上就缺乏这种全神贯注的学习精神，我决心从今天开始向罗丹学习，请大家看我的行动吧。

还有学生读到《麦哨》一文中的第四自然段时写下的批注是：作者运用了排比句的形式向我们介绍了田间最具有代

表的几种农作物，有油菜、蚕豆、萝卜等，并运用了生动形象的比喻句描绘了这些农作物的丰收时的景象，更唤起了我到田间去看一看的冲动了，有机会一定去田间走一走，欣赏一下那里与城市完全不同的风光。

这些感想式的批注，不仅能帮助他们深入的理解文本，把握文章主旨，而且还有利于培养他们一根敏感的神经，这对于写作也是相当重要的，如果坚持这样的读下去，我们相信学生一定会学有所感，学有所悟，学有所得。

联想式批注

阅读教学的一个重要任务就是培养学生的联想能力，让他们能够由此及彼，能够自觉的由文本迁移到文外。这种阅读方法有注于学生知识的迁移、信息的归类整合。

如学生在《桥》的第二大段老汉沙哑地喊话后面又加上了老汉焦急地说："同志们，小心点！桥窄，踩稳慢慢过！"在学完这课时，同学们又在书中做出了这样的批注：老汉高大的形象使我们又联想到了曾经学过的《丰碑》一课中的军需处长，当年非典时期，那些战斗在一线的义务工作者们，还联想到了忠于职守、舍己为人、不是亲人胜似亲人这些词句……

看到这些批注，真的很欣慰，他们能把知识进行归纳整理，做到触类旁通，真正的把知识学活了，内化成了自己的一种能力。

新课程标准突出强调培养学生的创新意识，而个性则是创新的前提和基础。我在要求学生写批注时，有意识地引导他们结合语言环境和生活实际学习语文，强调表达自己的见闻、感受，不强求统一的答案。

质疑式批注

“学者先要会疑”不疑不能激思，不疑不能增趣。有了疑问，让学生带着问题读书，才会让他们读进去，真正地走入文本，与文本、与作者进行对话。这种批注式阅读方法，有利于培养学生的怀疑与探究精神。质疑本身就是一种思考，一种挑战，一种探索。这种阅读方法学生用得最多，也用得最广，适合于各类学生各类文体。

比如，学生在《金色的鱼钩》中作出这样的批注：作者为什么会用金色的鱼钩为题呢？有了这个疑问大家充分围绕着这个问题谈对金色的鱼钩的理解。还有学生在《杨氏之子》一文中作出了如下批注：杨氏之子的话语有何妙处？还有的学生在书中做出这样的批注：这不是对大人没有礼貌吗？正是因为有了这样对立的批注，才让课堂辩论有了源头，从而争论得热火朝天。

补充式批注

这种阅读方法就是让学生顺着作者的思路，依照作者的写法，接着为作者补充。也可以称得上仿写、续写，它能活跃学生的思维，打开学生的视野，让学生学习作者的写作方法，快捷的提高写作能力。

如在学习儿童诗两首时，就可以仿照作者的写法仿写一至两节，这样既激发了学生的学习写作兴趣，还增强学生写诗的信心。这种批注方法不适合所有学生，它毕竟有一些难度，但对能力较强的学生是一个很好的锻炼。

评价式批注

要想发挥学生的主体地位，充分尊重他们的阅读体验，就应该允许并提倡他们对阅读作出或褒或贬的评价。

例如在《桥》这课第一大段中学生写出了这样的批注：作者这些句子多采用了拟人或比喻的修辞手法，尤其是“像泼。像倒。”等词句让我们非常真切形象地感受到了洪水的肆无忌惮，洪水就是魔鬼猛兽。作者这种精练的语言更加突出了当时的情况危急，渲染了紧张气氛。真可谓是匠心独运啊，不愧为文学巨匠。

这种评价式阅读极大的调动了他们阅读的积极性，因为他们成了课堂的主人，成了读书的主人，他们有权利来评价书本和作者了，这不能不说是对他们人格的一种尊重。

在这个互动式评价研究的课题中，利用批注阅读的形式使学生得到的不仅是知识的增加，能力的提高，更为重要的是，他们在批注式阅读中找到了读书的乐趣，得到了健全的心智，形成了独立的思想，拥有了自主的精神，也在学习语文时形成了一种自主合作探究的学习氛围。

NO4.阅读理解的技巧与范例

阅读理解的方法与技巧

阅读理解本身就是一个活的题目，它没有固定答案，只能靠仔细的阅读和自己的理解来解答。但是只要抓住了解题技巧和方法，就能够达到事半功倍的效果。

读材料，纵观全文，把握主旨

阅读理解试题的文字材料主要用来测试学生的阅读速度、理解能力和记忆能力。有的采用一个句子，有的采用一段文章或整篇文章。内容广泛，题材各异。所以在做阅读材料时，首先就是要阅读试卷上的文字材料，粗读全文内容，把握文章主题。了解材料的基本大意，理清材料的层次和段落。再浏览全文，了解全文的大概之后，应记住文章的要点，重要的结论以及一些关键性的人名、地点、定义和数字，不同的人名、地点也可用铅笔在试卷上分别打上不同的记号，以便查找。

一是理清文章的思路。文章的每一段、每句话归根到底都是为阐明中心服务的，都归向文章的主旨。平时要学会为文章标段，归纳每段意思，归纳中心思想。往往行之有效。

二要找寻、读懂文章中关键的词句。特别是那些体现作者立场观点、反映文章深层次内容、内涵较丰富、形象生动的词句。尤其是文章的开头句、结尾句、独立成段的句子、比喻句、连问句、过渡句、抒情议论句，文章的主旨常常隐含其中。

1.不要急着去做题，在进入题目之前，必须读两遍文章。第一遍速读，作快速浏览，摄取各段大概意思，建立起对文章的整体认识，集中解决一个问题——选文写的是什么？第二遍精读，仔细阅读每句话，揣摩、参悟一些重要的句子、段落，对文章的主旨产生一定的认识。

2.画出在文章的结构上起过渡、连接作用的词语、句子、段落，画出各段落中的中心句，尤其注意段首、段尾，这些词句往往就是回答问题时需要重点研读的，通过找重要的词句进一步理解文章的思路，结构层次。

3.心中要有文体意识，找出画龙点睛的句子。作为托物言志类的哲理性散文，在叙述和描写中总有一些议论和抒情的语句，阅读时一定要善于抓住议论抒情的句子去把握文意，尤其注意文章结尾的议论抒情，它们往往就是全文的主旨所在。

牢记：欲速则不达。一定要读懂文章再做题，坚决杜绝走马观花式的阅读。

通常阅读试卷上的文字材料，第一遍需要速读，首先要重点理解文章的体裁是记叙文还是说明文。答题时切忌都没完整的阅读过试卷上的文字材料，就匆匆忙忙地写答案。最好先把文章从头到尾通读一遍，对文章有一个整体的认识和理解。其次要初步理清文章的思路。一般来讲，文章的每一段、每句话归根到底都是为阐明中心服务的，都归向文章的主旨。平时要学会为文章标段，归纳每段意思，归纳中心思想。它在要求概括段落大意一类的阅读理解的题目中，往往是行之有效的一个办法。

有的学生要用"顺读法"，就是先读短文后读题目，然后再读短文寻找正确答案。有的学生则采用"倒读法"，就是先读题目后读短文，最后寻找答案。我比较赞成"倒读法"，因为这种阅读方法是带着问题阅读，目的明确，容易集中，能及时抓住文中与解题关系密切的信息，从而节省了阅读时间。

认真审题，定向扫描

做现代文阅读主观题的关键在于准确地审题，抓住了审题这个关键，就找到了答题的诀窍。现代文阅读的审题，就是要仔细分析题干，把握题目要求，即把握题干中包含的与答案相关的各种信息。这是答题的第一步，也是最关键的一步。题干一般由两个部分组成，一是文章作者的话，一是命题者的话。设置题干的目的，主要是限定答题内容；同时，命题者为了使考生不至于茫然无绪，往往又会在题干中提示答题内容在文中的位置，甚至限定了在哪一段或哪个句子中。这样我们就可以根据题干的提示，找出每一道题的出题点，锁定答题区间，具体到段、句、词。只要找准了原文中的相关区域，认真揣摩上下文的文意，准确抓住关键词句，准确地把握住答案的有关信息，大多数题目的答案是能够在原文中找到的。

牢记：题干提示了答题范围，题干规定了答题角度，题干提供了答题思路，题干隐含了答题信息，题干体现了答题规律。

筛选组合，定向表述

文学作品阅读多为主观题，其题干不仅能显示答题的区域，还能显示答题的方式。要站在命题人所“问”的角度回答问题，问什么答什么，使所答充分、到位、准确、有条理。整合时一定要确保文通句顺。

1.弄清题干中所具有的态度或倾向

遇到的题干如果是否定形式，就采用先反后正的答题方式，避免遗漏要点；遇到的题干如果是肯定形式，就采用正面的答题方式。

2.弄清题干语言的构成形式，确定答题语言形式

题干的结构，是表意的外在形式，暗示着语句含义由哪些方面构成，分析结构可以提示考生答题时如何组织好语言。

3.弄清题干中作者的话和命题者的话

题目中出现作者的语句，一般是学生要理解和分析的对象，而命题者的话一般起到引导学生明确解答重点或者提供限制条件的作用。

4.变含蓄为直接，变分说为概括

高考中现代文阅读材料多为散文，语言不仅有丰富的内涵，还很讲究艺术技巧。有的含蓄委婉，有的生动细腻，有的形象具体。具有这些特点的语句在高考中历来成为考查的重点。组织答案的时候首先要整合文中的相关信息，在原文中找出相关段落所传达的信息的共同点，然后利用文中附着信息共同点的那些具体的、形象化的语句，把这些具体形象化的语言转换为抽象，概括性的语言，即为所需答案。

5、多从原文中筛选、提炼、整合语句作答

现代文阅读的考查目的在于把握并理解作者在文中所要传达的信

息，因此，要依照作者的思路来理解作品，多从原文中寻找答案。但并不是直接摘抄，有时以文章中的词或句为基础略作改写来作答，有时要求综观全文，从各段中提取相关信息加以整合。这类题在高考中出现最多。

找原话

所谓“找原话”，就是要找到语文阅读理解上要求的关键字、词或句子的所在段落，要求学生在阅读文字材料时有重点的圈下来，然后再来重点理解与分析。当然找原话的目的是为了弄清题意，确定解决问题的阅读空间和范围。

在通读全文的基础上，将要回答的问题放到阅读试卷上的文字材料中来，再去浏览所要回答的试题，经过初步的思考，确定解决问题的阅读空间。同时利用句子提供的信息，这样我们可以从文章中或文字材料中直接的提取有效信息。有些试题它要求用文中原话来回答，我们就可以用文中的原话来作答，这时就可以“从文章中直接提取信息”来回答问题。如果它没有明确要求用文中的原话来作答，我们也可以“从文章中直接提取信息”来回答问题。如若它指定必需要使用学生自己的话来回答的话，我们也可以让学生将文中的原话加以翻译，再换言之。力求挖掘原句子的隐含信息和深层含义。有些试题则需要结合全文内容，挖掘句子的隐含信息，经过缜密的思考，寻求完美的答案。

看要求

在审视语文阅读理解所要求回答

的问题要求，关键的字、词或句子也要让学生用笔圈下来，作为作答的要点，也是学生回答问题的可能得分点。要做到细读文章的内容，机智从容答题。第二遍读文章要求考生带着问题细读全文。在进行语文阅读理解训练时一般要做到如下几点：

一要认准关键词句，把握其基本意义，认清楚它们在句子中的具体含义，根据上下文琢磨它们的意义，学生特别是要学会在阅读文字材料中发现有效信息，即是对回答阅读材料要求所提的问题的文字和内容。

二要排除生词的障碍，遇到生词不要着急，也不要轻易放弃，可以采取根据上下文来猜词或根据构词法来猜词等方法来猜出这个词的大致意思。

三是原文中有明显的准确答案，要善于利用阅读文字材料中的“原文”材料，果断作答。对于一般不影响句子或全文理解的生词，可以放过去，不必务求理解。

还有，解题时不要边看阅读理解的问题边从阅读理解的文中查找答案，因为用这种方法难以提高阅读理解的效果。首先应浏览阅读理解的全文，了解阅读理解全文的大概。看完后，应记住阅读理解文章的要点，还要掌握好阅读理解的解题速度，有效地控制阅读理解的考试时间，先易后难是阅读理解的考试时答题的一般方法。碰到阅读理解的难题时，千万不要钻牛角尖，耽误太多时间。一时做不出的阅读理解的题，要果断舍弃，以免影响解别的较有把握的阅读理解题。待全部阅读理解题解完后，如有剩余时间再回来做放弃的阅读理解题。

答问题

学生在根据语文阅读理解问题的要求来回答相应的问题，回答问题力求做到以下几点：

1.不可不答；不答则无分。学生只有回答阅读材料要求的所提问题，才能得分。

2.不乱答；乱答也不得分。学生不联系语文阅读理解问题的要求来回答，我们称之为乱答题，乱答本质上是与学生不答题一样的，没有成绩的。我们在语文阅读理解训练中强调学生要答满线格，但并不是让学生在语文阅读理解训练题线格胡说和乱说，因为学生乱答也不得分。

3.言之有据，持之有理。所谓“言之有据”就是要学生在阅读试卷上的文字材料上找原话，找依据，不能凭空瞎说。

语文阅读理解的答案也是人定的参考答案，我们的学生不要害怕，任何问题的回答都不可能与教师的参考答案一模一样。语文阅读理解得分的主动权在我们同学们手中，关键是在于你有没有“言之有据”地来作答。而“持之有理”就是让学生根据问题能够说一个所以然来，只要学生言之有据，持之有理，就可以酌情得分了。同时学生要注意组织规范语言答题，认真书写。语言简洁明了，能达到事半功倍的效果；重复罗嗦，不得要领，往往会出力不讨好。在答题之后，如果时间允许，要重读全文内容，充满信心地进行复查。所有答案全部做完后，携带阅读理解的成果回归原文，检查答题有无疏漏，研究其内在联系和逻辑关系，对照各题目推测判断，确保无误。

阅读理解范文及答案

酒事

17岁那年，我离开了学校，走上了社会。我父亲是一个古板而严谨的人，他当时是一家报纸的副总编，在人群里总有点面子，特别希望我能去一家好一点的高中重读。我生来就倔，小事还犹豫，大事从来是一去不回头。当时，我外语不好，数学不好，考上大学的希望十分渺茫，所以，我毅然选择离家，到外面的世界去漂泊。

我曾在一个建筑工地当力工。力工的活苦，没技术，让人瞧不

起。不像钢筋工、架子工、木工、电工那么气派，受人尊敬。力工像杂役，什么地方缺人都得顶上。心中就苦闷。苦闷也没有办法，因为，这毕竟是自己的选择。

那年夏天，雨水大，工期被耽误了，大家都很着急。有一天，我被分到李师傅带的混凝土班，跟着大家打立柱。一天的任务是11根立柱，打到下午的时候，云彩就来了。李师傅抬头看看天，凭空叫了一句："爷儿几个，加把劲，抢雨前干完了，我管酒。"

我知道这个李师傅，他是建筑公司的劳模。他有一个疯老婆，已经疯了三十几年，但三十几年里，李师傅从来没让她磕着、碰着，从来没让她弄脏了衣服，从来没让她走失过。

谁也不知道他是怎么做到的。李师傅有一个女儿，刚刚上大学，李师傅的负担不轻，平日里花钱节省人人尽知。"真管酒？"有人问。"管！"

李师傅平时是一个话语极少的人，他这一喊，有一点一诺千金的意思，身边的人陡然增了一股劲，硬是抢在倾盆大雨下来之前，把立柱打完了。

酒、肉都有价，酒是9毛钱一斤，肉是8毛钱一盘。六个人，围坐在工棚里，大呼小叫地吃开了。我不会喝酒，自然往后挪挪身子，我感到有点冷。这时，一只粗糙的大手扶住了我的后背，并用力地往回拢了拢。是李师傅。他把发乌的饭盒递到我眼前，说："喝一口。"我摇了摇头。"喝一口。"语气是命令似的。我接过饭盒盖，抿了一口里边的白酒，顿时被呛得咳嗽起来。李师傅拍了拍我的后背，鼓励说："再喝一口。"我抬头看看他，突然在他的目光里发现了一种异样的东西——那是父亲般的慈爱和让人无法抗拒的关怀。我又喝了一口。是喝，不是抿。一股热浪从喉头一直冲到胃里，又从胃里反到心上。工友们都笑了。那天，我喝多了，李师傅领着我，站在工棚的门口，冲着如注的大雨说："喊一声，喊一声就什么都好了。"说着，他"啊——"地大喊了一声，那声音撕心裂肺，神鬼皆惊。

"啊——"

身后的工友们也纷纷叫了起来，这些声音合在一起，如同悲怆的《命运交响曲》，渗入雨水里，向四周溅落了。"啊——"我也叫了起来。"啊——"随着喊声，我的眼泪流了出来。"啊——"

随着眼泪的掉落，我心中的堡垒也一点点地坍塌了。不知过了多久，李师傅在我的耳边轻轻地说："孩子，喝了酒了，是男人了，不哭了。"随着李师傅的话音儿，雨突然停了。在那一刻，我觉得我长大了。

1.倒数第一段中"我心中的堡垒"，在作品中具体指什么？

2.结合作品，简析"雨"在文中有何作用。

3.结合作品，简析李师傅这一人物的形象。

参考答案：1、①中途辍学，大学梦破灭的失望；②做力工让人瞧不起的苦闷。

2、①“那年夏天，雨水大，工期被耽误了”；下午打柱，“云彩就来了”，暴雨将至：“雨”为人物表现和事件生成提供了基础。②“李师傅领着我，站在工棚的门口，冲着如注的大雨说……”：“雨”催化了人物的言行和事件的发展，丰富了“酒事”的内容。③“随着李师傅”的话音儿，雨突然停了”：“雨”强化了人物的心声，在塑造形象、体味人生等方面使作品达到高潮。

3、①勤苦耐劳、带班有方的劳模形象；②勤俭持家、尽职尽责的丈夫、父亲形象；③成熟坚忍、不畏艰难的生活强者形象。

约会白桦

好几年前，一位北方朋友问我，你看过冬季里的白桦林么？我摇头。他说，那你一定要看看，否则你算不上真正的北方人。我问他，你看了是什么感觉？他沉默良久后对我说：“当时，我想哭……”这句话让我无法忘怀。

前年，在新疆，我看到了大片夏季的白桦林。在宽阔的额尔齐斯河的两岸，生长着无数的白桦，浓荫蔽天，如同一道绿色的云将那冷冷的河水覆盖着。远远看去，那些白桦纤弱得令人怜爱，茂密的树冠仿佛随时都会使那苍白的树干折断。走到近前，你会感觉到如同面对着一排倾国佳丽，个个亭亭玉立，风姿绰约。那时，我感觉到，再没有比白桦更能体现女性风采的树木了，也再没有比白桦更能够让男

人动心的树木了。然而，冬季的白桦呢？那让人看了“想哭”的白桦呢？

现在，我终于踏上了黑河的土地。我明白此行最重要的目的就是和白桦在此时此刻约会。没错，是约会，一次企盼已久的相会。

果然，在一片纤尘不染的雪原上，我看到了梦中的白桦林。蓝得纯净无比的天空下面，一大片白桦默默地伫立在雪地上。用白璧无瑕之类的语言来形容这片雪地是不够的，因为这雪地尚无一点行人和兽的脚印，真的是令人不忍落脚。雪野无言，静谧得令人感到听觉功能的存在已毫无必要。

她们有一种特殊奇异、难以言说的美。她们身处严寒，立足冰雪，躯干纤细却又永远笔挺，枝杈柔弱却从不倒垂。虽叶片全无仍傲然于世，经霜侵雪欺却纯洁如斯。她们经历过无数次与风雪的抗争搏斗，这可以从她们身上爆起的树皮和深深的裂口看出来。但她们在严寒中生长得如此从容，如此平静，看不出有任何一点痛苦的表情。她们的全部生命力永远向着蓝天和太阳。

我恍然——“亭亭玉立”并非只是一种婀娜的姿态，“玉树临风”也不尽是一种单纯的潇洒。达到这样的境界，都需要一番经历，一个过程，以及一种磨练。

我缓缓地向她们走去。此时，我已经不敢随便向她们道一声“你好”了，因为我知道，现在的我还没有资格同她们平等对话。与饱经风雪的她们相比，我，只不过是一个未谙世事的小毛头。

我走进她们当中。我能感觉到她们的呼吸、窃笑、私语。我知道，她们此时正在打量着我这个远道而来的、冒冒失失的赴约者。从单纯精神意义上说，我和她们前生有缘，今世有约。我定定神，看到了她们身上的无数只眼睛。这些眼睛美丽而有神，多呈鱼形，如那远古的图腾。片刻之后，我心痛万分地发现，她们的每一只眼睛都是一次苦难的证明，都是某一次断裂和夭折的记号。想想吧，这是何等的壮烈和悲怆啊——每经历一次摧残，她们，便睁开一只眼睛！

然而，这些眼睛里没有泪，只有情。你会感觉到白桦林没有恨，只有爱。最苦的是她们，最美的也是她们；最纤弱的是她们，最有生命力的还是她们；最令人怜爱的是她们，最让人肃然起敬的还是她们。白桦林啊白桦林。面对这雪中的白桦，好男人不能不流泪。走出白桦林，我回首看去，白桦无语，林梢微动。我已经无法看到她们的眼睛了。但我知道，她们的每一只眼睛都将永不闭合，她们的目光会永远注视我，无论我走到天涯海角，这目光中所传达出的一切都与我同在。我的身后，是两行深深的足迹，那是我前来赴约的证明，更是我朝圣的记录。尽管待到春来雪融，这足印将消失殆尽，尽管此刻告别白桦，这一别也许就是永远！但有一点是无疑的，那就是，这样的一次约会已足够我受用终生。

1.作者写冬天的白桦树之前，写到夏天的白桦，其用意何在？

2.分析作者为什么将“看”白桦林写作“一次企盼已久的约会”。

3.统观全文，试析为什么文章结尾说：“这样的一次约会已足够我受用终生”。

参考答案：1、写夏天的白桦，写出了白桦具有女性美丽的风采，写出白桦树虽然纤弱却充满生命力。这样写为下文写雪地白桦、深入揭示其精神本质作铺垫。

2、“约会”使用了拟人的修辞手法，把白桦人格化了，这表明“我”认为“我”与白桦树有着心灵的沟通。

3、经过这次与冬日白桦的约会，作者感到，白桦树外表柔弱，身处严寒却从容平静，充满生命力。虽然历经重重艰难，却仍然充满深情和爱意。这种博大的胸怀，给了我们深深的振撼，并深入到我内心，伴我终生。

灾难突然降临的时候

这是一个繁华的大都市，每天忙碌的人熙熙攘攘。八点三十分。

装满乘客的地铁缓缓起动，向下一个站点驶去。

当列车行驶到两个站点中间地段时，突然一片漆黑，车也慢慢停下来。车厢里的人一下像炸了锅似的，乱哄哄的如同马蜂窝从树上落到地下。有人大声骂司机："真是个笨蛋！"也有人说："养你们这些人有什么用，简直是一群废物！"

司机解释道："突然停电，这是一次意外事故，我马上与调度中心联系。"司机在黑暗中摸出手机，拔完号码后没有任何信号。

这是一次意外停电，波及全市。始料不及的人们被这突如其来的停电搞蒙了，通讯中断，交通阻塞，整座城市近乎瘫痪。地铁里的人如同无头苍蝇，纷纷掏出手机与外界联系，却都没有信号。有人用打火机照亮，得到片刻的安慰。女人哄着不断哇哇哭叫的孩子。有人说："我好不容易找到这份工作，迟到会被炒鱿鱼的。"有人说："我与客商约好，签一份额度为三百万元的合同，失约可能会使合同泡汤的。"也有人说："等出去了，一定要起诉地铁公司。"黑暗像一只无情的大手，捏得人喘不过气来。哭声、骂声、叹息声不绝于耳。有人说："等一等吧，地上的人不会不管我们的。"

突然，黑暗中传出一个女孩稚嫩的声音："妈妈，太阳落山了！"妈妈说："宝贝，乖，天黑了，宝宝睡觉觉……"妈妈轻轻地哼起了摇篮曲。大家静静地听着，情绪渐渐地稳定下来，各自想着心事。

不知过了多长时间，一个恐怖的声音打破了可

贵的安静："我心脏病犯了，没带药，谁有急救药……"旁边的人就问："谁有药？"人们开始纷纷问着，一个接一个往下传。终于有人说："我有。"接下来就听到急急忙忙的翻找声。

"找到了！找到了！"那人边说边把小药瓶递给挨着他的人，这人接过药瓶又传。递给下一个人。没有人组织，药瓶却像接力棒那样被有序地传递着。

"唉呀！"一声惊叫，药瓶不知传到谁的手里时不慎掉到地上，那人急忙俯下身在地上摸，整个车厢的人都俯下身在地上摸，仿佛药瓶会在黑暗中流窜到车厢的任何一个角落。终于有人说找到了，把药瓶又传下去。有过落地的教训，接药瓶的手就格外认真。药瓶很快就传到病人手里。黑暗中，不知谁递过一瓶水，病人吃完药安静下来。

不知又过去了多长时间，与外界还是没有一丝联络，有人提议往下一出站口走，立即有人响应，有人用打火机把自己的衣服点着了照明。立即有人大声喊："快灭掉，烟能使人窒息！万一引起火灾一个人也别想跑掉！"几个人手忙脚乱地把火扑灭了。刹那间，光明消失了，重新又回到黑暗的深渊。人们从来没像今天这样憎恨黑暗，也没有像今天这样渴望光明。

这时，有一个人大声喊道："大家手牵手跟我走！"

话音刚落，人们就主动地手拉着手排成了长队，那人又问："有没有没牵手的？"当确认都牵好手后，那人就带头向下一出站口走去。黑暗中，那带头的人不时被绊倒，但他爬起来再走，不知摔了多少跤。后边的人有条不紊地跟着，没人说话，只有脚步声。

人们终于从黑暗的地铁中走出来了，领头的人衣服刮破了，脸和手都碰出了血。更让人意外的是，人们发现，领头的这个人竟然是个盲人。

1.文章第二段画线的句子生动形象地描写了突然停电时人们躁动不安的状况。仔细阅读第五段，感受一下母女对话后地铁车厢里的氛围，并在下列横线上，写一句话，描写出当时特有的宁静。

此时，车厢里____________________________。

2.文中哪个片段给你留下了深刻印象，为什么？

3.当灾难来临时，该如何应对？本文给你哪些启示？

参考答案：1、示例：此时，车厢里仿佛掉下一根针都听得见，静悄悄的。

2、对第五个片段印象深刻，将大家引领出黑暗的人竟然是一位盲人，这说明在危难时刻，只要冷静、坚定，就可以发挥个人潜能，化解危难。

3、本文给人的启示是：灾难来临，一要冷静、镇定，二要团结协作，三要科学应对。

梯子

年轻的爸爸和他的儿子一起在后花园放风筝。小小的园地，小小的风筝。小小的风筝飞呀飞的，就飞到了墙头上。墙头上的野花，把风筝紧紧地缠着。于是爸爸说，必须去拿一架梯子来，然后爬上梯子，取下墙头上的风筝。爸爸要爬上梯子，但是儿子说："爸爸，让我来吧！"

爸爸看了看他九岁的儿子，想了又想，终于说："也好，让你来就让你来。"猴子一般地，儿子爬到梯子的最高一级了。儿子转过头来，嘻嘻地笑。他的笑声，像用早晨的牵牛花吹出来的。

解开了风筝绕在野花上的线，正要下来，爸爸却用一只大手和一个声音制止了他，爸爸说："慢着！"儿子停住了，望着爸爸，用眼睛问爸爸："怎么啦？"

爸爸说："我先讲个故事给你听了，你再下来。"于是儿子笑得更开心，他一手抓住梯子，一手拿着风筝，等爸爸讲故事，爸爸讲的故事，没有一次不好听的。

爸爸说："从前有个爸爸，告诉他那个站在一架很高很高的梯子上的儿子说：你跳下来！你一跳下来，爸爸一定会在下面把你抱住。听见爸爸这么说，儿子很放心，就像游泳时跳进水里去一样，纵身一跳。哪里知道当儿子就要投进爸爸的怀抱里的前一秒钟，爸爸的身体一闪，站在一边。儿子扑了个空，掉在地上，屁股差一点就开花。哭哭啼啼地站起身来，儿子问爸爸：为什么要骗他。爸爸说：我要给你一个教训，连你爸爸的话都靠不住，别人说的话，更不必说了。"停了一停，爸爸继续说："我们也来照着做一次好不好？"儿子一听，脸都变白了。

爸爸说："不要怕，勇敢一点，你只要跳那么一次就行了。我要你留下深刻的印象，免得你以后长大了，容易

上人家的当。”

但是儿子显然并没有被爸爸的话所说服。他脸上惊愕的表情，丝毫没有消退。然而他还是不敢违抗命令。他站在那儿，动也不敢动。

爸爸开始发号施令了：“听着啊，我喊一二三，喊到三的时候，你就跳下来，然后我就把伸出去假装要接住你的手缩回来，让你跌一个屁滚尿流！”站在梯子上，儿子的脸像一个还没熟透的橘子。爸爸喊了：“一……二……三！”

咬紧牙根，忍着泪，儿子从梯子上跳下来了。他等待着自己的身体像一个南瓜，扑的一声，摔得支离破碎……

然而，好奇怪，爸爸的手竟然没缩回去，他的身体也没移开。他还是定定地站在原来的地方。他把掉到他两手中的儿子，牢牢固固、结结实实地接住了，抱住了。

儿子虽然不曾受伤，但是他的神情，比刚才还要疑惑。张大了眼睛，他问：“爸爸，你为什么骗我？”爸爸笑出声来，爸爸说：“爸爸要让你知道，即使是别人的话，有时也是可以信任的，何况是爸爸的话呢！”所有的玫瑰花，都回到儿子脸上。他笑着搂住爸爸，不住

地吻爸爸的双颊。爸爸和儿子拉着风筝，向后园的一角跑去。

1.请用一句话概括本文的内容和主题。

2.下面两个描写句的意思是什么？它们分别表现了儿子脸上怎样的神情？

①儿子的脸像一个还没熟透的橘子。

②所有的玫瑰花，都回到儿子脸上。

3.“儿子虽然不曾受伤，但是他的神情，比刚才还要疑惑”，为什么“比刚才还要疑惑”？

4.两个爸爸，两种教育，你赞赏哪一种？简要说说理由。

参考答案：1、通过爸爸要儿子跳梯子的故事，揭示了人与人之间还是可信任的道理。

2、①描写儿子又黄又青的脸色。写出了儿子的惊恐神情。②儿子的面色恢复红润，笑容灿烂。写出了儿子高兴的神情。

3、原来只是奇怪，没有摔屁股；现在是感到困惑：爸爸为什么骗我？

4、故事里的爸爸是教育孩子不要轻易信任别人，文中的爸爸是教育孩子别人的话有时也是可以信任的。

感动是一种养分

常常有一些无法言说的感动。

譬如看见一只鸟，在我的窗台上跳跃顾盼，抖动漂亮的羽毛冲着我叫了那么一声，甚至只有半声。又匆匆飞走。譬如____。可就在这一瞬间，我已经被深深地感动了。

其实，生活中让我感动的细节太多了。看见一个朋友久违的眼神和手势，看见一颗滚动在草叶上的露珠被风摔碎之前的最后一次闪耀，看见一群蚂蚁抬着一只蜜蜂在大地上缓缓行进时所表现出的那种小心翼翼与肃穆庄严……总之，感动我的有时是一种声音，一种复杂的隐喻了生命幻想的声音；有时是一种色彩，一种沉重的、负载了诸多情感信息的色彩；有时是一种状态，一种含蓄的、超越了明示话语的状态。也有时候，感动我的竟是一种细微寻常得极容易被人忽视的场景。正如一群蚂蚁抬着一只蜜蜂的残骸艰难地向前移动，最终，它们几乎全部移进了我的内心，默化成一曲悲壮的挽歌和一场永久的仪式。不知道为什么要感动。

有一点是可以肯定的：若是没有感动，我想我就会丢弃自己。因为我知道，这个世界上连一朵花、一茎草、一湖水、一尾鱼，都那么持久地拥有着令人感动的特质。所有的生命几乎都离不开感动。如果对美视而不见，对春天无动于衷，那么还有什么理由在美和春天之间迈开双脚呢？常常被感动而充满激情的人是幸福的。

我或许属于其中之一。故我想：我感动是由于我深爱着世上一切美好的事物，我甚至比别人更留意也更钟情于它们。我们永远保持着那种和睦友善、亲密真挚的联系，保持着深层的感情交流、碰撞与沟通。每一次小小的感动都会洗净我灵魂中每一个小小的斑点和污渍，每一次深深的感动都有可能斩断我性情中某一段深深的劣根。日复一日，年复一年，感动使我的内心变得清洁、明亮、丰富而又宽敞。使我面对每一轮崭新的日出都能赢得一个全新的自我。

对于我，感动始终是一种崇高的养分，如同丰盈甘美的母乳；对于感动，我则始终都是一个受益不尽的吮吸者，吸着母乳的精华渐渐长高，长大，健康，强壮，享有智慧和激情。

因此我敢说，一个人，只要他还能感动，就不至于彻底丧失良知与天性。只要能感动，即使将你放在生活的最边缘，你也决不会轻易放弃做人的资格以及与生俱来的发言权。

1.阅读全文，归纳作者认为“感动是一种养分”的原因。

2.结合上下文并联系自己的生活体验，给第二段空缺处补上一个让你感动的例子。

譬如：____

3.第五段中，“如果对美视而不见，对春天无动于衷，那么还有什么理由在美和春天之间迈开双脚呢”在文中的含义是什么？

参考答案：1、①感动能够洗净灵魂中的斑点和污渍，斩断性情中的劣根。使人的内心变得清洁、明亮、丰富而又宽敞，塑造一个全新的自我。②感动能够让人健康成长。③感动能够让人有智慧和激情。④感动能够让人保持良知和天性。

2、示例：（譬如）看见果实坠地，一枚青涩的苹果，从一棵树上冷不丁地落下，在尘土中打下一道轻痕。

3、如果没有对美好事物的感动，就无法去追求美，也就会丢弃自己，迷失自我。

玉兰花的记忆

不记得从什么时候起，每当我家院子里的玉兰花散放出清远的香味时，总有认识或不认识的邻人，专程前来要花。

玉兰花树约有两层半的楼房高。自我有记忆起，便有花香。父亲总是起个大早，趁花含苞时便给摘下。他把较细的竹竿末端削成剪刀口状，以辅助摘花。有时他亲自爬上去摘，身手矫健。然后再把摘下的花，分别装在小袋子里，置于冰箱保鲜，一有邻人闻香驻足，便可方便相赠。当然，父亲一定会留下枝头上那些用手可以够得到的花，让前来感染香气的邻居，也可以得到在绿荫中寻一抹清幽的乐趣。

念小学时，家人总要在我的书包里放些玉兰花，用手帕包好，以免损及象牙白的花瓣。然后再三叮咛，送给老师和同学。有时自己懒

惰贪玩，便忘了。经常是老师提醒："我又闻到花香哦。"我才猛然记起。常常在送给老师后，玉兰花就所剩无几了，所以当同学向我要时，就显窘促，只好从亲近的同学开始送；一些偶有口角的，就给省下来了。这时想来，真自觉小家子气。

那时一直不明白，何以小小的花朵，竟有如此大的魅力?因为我总是喜欢花的姿态，远远胜过它的香气。直到渐渐长大，才稍稍明了这是一种喜悦心情。二十几年前，物资并不丰富，用香水的人当然不多。能在夏日清早感染一身香气，并持续整天，的确令人喜悦。在要花的过程中，即使不认识的人也能透过花间说家常，增进友谊。真是情趣无限!

而父亲赶早摘花，想到会有许多人喜欢他种的花，并盘算着不知今天的花够不够时，这份可以与人分享的心情，更是令人欣慰啊。尤其某个有晨曦的夏天清早，当我看见父亲摘下一朵沾露的玉兰花，小心翼翼地插在母亲的耳际，顺手理理母亲的头发时，我被这般美丽的父母深深感动。

我恍然大悟。原来，母亲身上的花影飘香，皆是父亲每天亲手插上去的。对父亲而言，这也许是极自然不过的一个举止，但跃入我眼

里，却是温柔万分。我很难明确地描述出这份感动，不过可以肯定的是，这种感觉真的很好。

对玉兰花我有很特别的记忆。我曾在它的枝干上，每年刻画一痕，以志成长；也曾和姐姐爬坐上树枝，吃着西瓜，享受风的摇摆。但这都只不过是父亲无形中带给我的一些生活上的启示。

1.文章第二、三段具体描写了父亲摘花的过程，表现了父亲怎样的性格特点？

2.文章第四段中的“再三叮咛”除了表现家人怕我忘记外，还表现了什么？

3.文章第六段说小小的玉兰花朵“竟有如此大的魅力”，请结合这段文字说说“魅力”表现在哪两个方面。

参考答案：1、慷慨大方，热情助人，助人为乐。

2、表现了家人心灵的美丽。

3、香气能令人喜悦，在要花送花过程中增进友谊。

水性江南

每次去江南，大抵是在莺飞草长的三四月间。去的次数多了，便萌生了探究江南真谛的念头。

江南是烟柳繁华之地、温柔富贵之乡。江南出芳草鲜花，出才子佳人，出缠绵悱恻的爱情故事。但江南又是英雄辈出的地方。古往今来，这里孕育过诸多骁勇的斗士。那锐利的一兵一剑，也是源于江南的吴越。是什么力量使得缠绵悱恻与凌厉强悍这两种悬殊的气质能够天衣无缝地契合一地，且生生不息，历千年而不朽呢?我一度大惑不解。

一次重读《老子》，书中的一句名言让我顿开茅塞。“天下莫柔弱于水，而攻坚强者莫之能先。”老子的话，一语道破了水的柔弱秀美与坚韧顽强的两重性。江南是水乡，河流纵横，池湖密布。它们流淌在青山脚下，穿行于广袤的田畴间，还有那直落九天的瀑布，山中奏鸣的清泉——千百年来，是水，滋养着江南的风物、江南的人，孕育了江南独特的文化。

江南的水，如轻纱薄雾．随风起舞，变幻无穷，滋润得江南的景物风姿绰约，江南的人风情万种。一曲《又唱江南》，浓缩了一年四季江南的秀美景色：“二月你看江南的花，花如野火遍地燃；清明你看江南的雨，细雨裹着万重山……”江南的人也一如江南的风物，温婉细腻，柔肠百转。莫愁湖畔莫愁女，西泠桥边苏小小，还有西湖的断桥、绍兴的沈园，秦淮河上的桃叶渡……深受上天厚爱的才子佳人，在江南大地上留下了诸多生命的足迹和美丽的传说。就连江南人讲话也是吴侬软语，情真意切，唱起来就更让人心旌摇动。那江南曲艺的代表苏州评弹，唱词娓娓如诉，弦乐清丽委婉，就像曲水清流，清澈纯净又韵味悠长，就连草木也会为之摇曳。

江南的水又时有“惊涛拍岸、卷起千堆雪”之势。这坚韧而顽强的水，也涵养了江南风物和江南人的那种英豪之气。江南大地布满了崇山峻岭。杭州的栖霞岭，绍兴的会稽山，常熟的虞山，都雄伟挺拔，占尽风云。那山间的飞瀑，山下的激湍，是养育大山的支支血

脉。据说古代铸剑，先是把剑放在火中煅烧，然后再放到水中浸泡，几经反复，才铸成一把好剑。这种浸泡过剑的江南之水，千百年来也曾造就了诸多慷慨激昂之士。卧薪尝胆的勾践，竭忠尽智的岳飞，文武兼备的陆游、辛弃疾、文天祥……众多仁人志士用他们的鲜血与生命谱写了一首首壮怀激烈的诗篇，他们的诗句至今读来，仍洋溢着当年的铁骨雄风。而持戟呐喊的鲁迅，更是把文人的凌厉剑气发挥到了极致。就连文雅娟秀的女子，在江南水性的润泽下，也尽显铮铮侠骨。明末的秦淮八艳是有力的佐证，清末的秋瑾则是最优秀的代表。

江南的水哺育了如水的江南。江南美，美在江南的水，江南的风物，江南的人。这种美是刚与柔的融合。江南，一曲永远唱不完的歌，让人细细地品味着她的如诗如画和似水流年……

1.文章标题“水性江南”的含义是什么?请用文中一句话回答。

2.请在下面的空格内填入合适的内容，要能体现刚柔相济的江南美。

江南的水，既________又______；江南风物，既风姿绰约又雄伟挺拔；江南的人，既________又________。

3.作者在第二、五两段中分别提到“剑”，各有什么用意?

参考答案：1、江南的水哺育了如水的江南。

2、江南的水既柔弱秀美又坚韧顽强，江南的人既柔肠百转又侠骨铮铮。

3、第二段提到“剑”，为了点出江南具有凌厉强悍的气质；第五段提到“剑”，为了表明江南的水涵养了江南人的英豪之气。

进当铺的男孩

儿子有一天对我说，他们班同学有一支派克笔要出让，开价人民币100元整。

“这笔是什么来路?不会是赃物吧?”我说。

儿子说笔的来路绝对正当。是那同学的亲戚送的，他因已有了一

支，故将这支卖出，肯定是原装。我看出儿子的渴望，就说，我认为一个孩子现在就用派克笔，有点为时过早。儿子激烈地反驳说："派克笔也是少儿不宜吗?"我被噎得没话回答，就说，这笔太贵了，没有那么多的钱。儿子转一下眼珠说，你的意思是只要我可以搞到钱，就可以买下这支笔啦?

我当然不是这个意思，但一时也琢磨不出更好的理由回绝。想他一直是个守本分的孩子，手中并无积攒的闲钱。现在离春节还很远，也没压岁钱供他挥霍。只要实行经济封锁，他的梦想就是镜中之花。于是支吾着说，是啊，是啊。

儿子说，买笔的事，咱们一言为定。

我说，钱的来路需光明正大。

儿子说，您就放心好了。

过了两天，儿子把他的世佳游戏机妥妥帖帖地捆起来，扎实得好像一个炸药包。我随口问了一句，又要借给哪个朋友玩啊?

儿子呲牙笑着说，这一次不是借给人家，是放进当铺里换点现金。

我吓得跳起来，抚着胸口说，请你把话再说一遍，我大概耳背了，实在听不明白。

儿子说，为了买笔，我需要钱，我检点了一下我的所有财产，就数这台游戏机值钱了。我去当铺里问了一下，大约可当250元，可惜您把发票弄丢了，要不然还可以多当些。

我说，天啊，你小小年纪知道进当铺，长大了一定是个败家子。

儿子奇怪地说，这和败家子有什么关系?反正从现在到暑假的日子，我都没有机会玩游戏机了，放在家里什么用也没有。进了当铺，我就可以用钱买到笔。

我不客气地打断他的话，可是你拿什么来赎呢?医得眼前疮，剜却心头肉，到时候没有钱，你的游戏机就成了死当(我好不容易从以前读过的旧小说中记起了“死当”这个词，用得恰是地方)。

儿子不慌不忙地说，以后我每个月都从伙食费里节省一些，到了暑假的时候就可以把游戏机赎回来了。当铺的库房很严密，还有空调，游戏机搁在那里，真是比家里还保险呢。我瞠目结舌。面对着这种无懈可击的计划，只能自叹弗如。

儿子说，要是等我慢慢地把钱攒够了，我们同学的派克笔早就拍卖出去了。我觉得当铺没有什么不好的，可以救人急难。

我们的争论告一段落。

后来，儿子还是把同学的派克笔买了回来，用的是我贷给他的100元钱。

我一再声明贷款是无息的，而且偿还期可以拖得很长，不必他短时间内压缩伙食费还贷，以保障身体健康。

儿子从此用派克笔流利地写作业，但提起此事，表情却是悻悻的。

他说我给的钱有“嗟来之食”的味道，还是自己进当铺来得理直气壮。

1.儿子很喜爱他的游戏机，从三点可看出：

(1)____

(2)____

(3)____

2.在典当游戏机的问题上，“我”和儿子的主要分歧是什么?

3.查《现代汉语词典》，“悻悻”是“怨恨，愤怒”的意思。“儿子”已得到了派克笔，为什么“表情却是悻悻的”？

4.你感觉“儿子”的性格特点是什么?用一个句子进行表述。

参考答案：1、(1)把游戏机妥妥帖帖地捆起来，扎实得就像个炸药包。(2)了解当铺库房的情况，确信游戏机放在里面保险。(3)准备从伙食费里节约钱，暑假就要把游戏机赎回来。

2、儿子认为当铺没什么不好，它可以救人急难；“我”却认为进当铺当东西，是败家子。

3、他觉得“我”给的钱有“嗟来之食”的味道，不理直气壮。

4、“儿子”聪明，做事有条有理，有经济观念，有较强的自立意识。

两个邮递员

再早的时候，我们这里的邮递员是一个清秀的男孩，说话十分温和，对人也亲切。每当谁家有汇款或者挂号信，他便在楼下一声一声殷殷地叫着，等那人终于被叫醒，从窗口伸出头来答应着，他还总是说：“你慢慢地好了，不要紧的。”

在我们的信箱前边，时常排满了自行车，他就一辆一辆小心地搬开，挤身进去往信箱里投信。我出了新书，便按了信封上投递员的名字签了名送给他，我觉得，假如他喜欢我的书，我会很高兴。他接过书便欣喜而温文地道谢。有时候，我从外归来，见他骑了绿色的自行车迎面而来，这样的时候，他就腼腆地低了头，装作没看见的样子，从我身边过去。只在万不得已时，他才对我说话："王安忆，你的挂号我交给你家邻居了。"当我要谢谢他时，他便红了脸逃跑似地骑车走了。

后来，他不再来了，接替他的是一个健壮的小伙子，帽沿压在眼睛上，英俊的脸上发出一些青春痘。人们见了他就问道："那个小孩怎么不来了?"他说："对了，他不来了。"人们便惋惜地说："那孩子多么好啊！"毫不掩饰对那男孩的怀念，却也并没怎么使他难堪。他总是每日两班按时来送信，有时候会把一叠信交给某个顺路的居民，请他帮忙捎上去，挨家发一发。如那人稍有难色，他就说："帮帮忙啊！"有挂号和汇款时，他便在底下声嘶力竭地叫喊，一声比一声紧，催命一般，等人气喘吁吁拿了图章赶下来，他就埋怨道："我这样叫，难道你还听不见吗？"

有一回，我盖了图章，他将挂号递给我时问道："你是王安忆？""是的。"我说。"那你是政协委员啦？"他很激动似地嚷，然后又正色道："那你对我们的工作提提意见？"过后，在马路上或弄堂里遇到他，他就会大老远地喊道："政协委员，今天有你的信，放在你的信箱里了。"或是："政协委员，今天没有你的信。"

还有些时候，则说："政协委员，上班去啊！"我被他喊得十分难堪，要制止他，他却已一溜烟地快乐地骑远了。

有一次，他在递交了挂号信件时又一次要我给他的工作提意见，我就夸了他一句，不料他立即兴奋地说道："那你给我写一篇报道。"他的很黑的眼睛在帽沿下闪着亮光，令人很不忍心拒绝他，可是却从心底里觉得这报道写起来有些困难。

现在，我们这里的邮递员又换了一个白净的圆脸的女孩，说话很害羞，工作也负责，我问她："新来的？"她小声说："已经来了两个月了。"我不由得想：她是多么年轻啊！没有人问她那样的问题："那男孩怎么不来了？"而此时我却想起了那第二个邮递员，遵他嘱咐写了这篇东西。希望他喜欢。

1.阅读本文，概述第一个邮递员的工作态度。

2.当第二个邮递员让作者为他写一篇报道时，为什么作者觉得有些困难？

3.本文写了三个邮递员，为什么却以《两个邮递员》为题？

4.作者塑造第一个邮递员运用了哪些描写方法？请任选其一结合相关语句谈谈它的作用。

5.假如你是第二个邮递员，看了这篇文章，会引发哪些思考？

参考答案：1、耐心、细致、周到、负责。

2、因为作者不忍心拒绝第二个邮递员的热切要求，但他的工作表现又没给作者留下良好印象，甚至他世俗的处世方式令作者有些反感，所以作者感到很困难。

3、因为前两个邮递员是作者着力刻画的人物；文章通过对他们之间的对比描写，来表达作者对不负责任的工作态度和世故的处世方式的委婉批评的主题（表达作者对耐心的工作态度和纯真的处世态度的赞美也可）。第

三个邮递员与这一主题无关，在文中只起引发写作动机的作用

4、肖像描写、语言描写、动作描写、神态描写（必须谈出所选语句在塑造人物方面所起的作用。只选语句，不谈作用不得分）

5、提示：能从工作态度、处世方式方面作答，言之成理即可。

春从心出

愿乘火车，喜欢那窗外舒卷的田园画面；愿乘轮船，喜欢那船头劈开的浪花飞溅；愿乘飞机，喜欢那舷窗外的云海无边旅行之乐，在起点，在终点，更在那前往中的沿途浏览。

愿有机会，被准允一个人进入没有演出的剧场，随便选一个适中的座位，静静地坐在那里，凝望那垂闭的大幕，在万籁俱寂中，以回忆，以想象，以对自己钟爱的编剧、导演和演员的深深感激，以对艺术的敬畏与对审美的忠贞，从心灵里，演绎出一幕又一幕的活剧，喜怒哀乐，悲欢离合，情理之中，意料之外，神秘莫测，难以言喻，啊啊，那是怎样的一种超级享受!

当近照堆积如山时，我们厌倦了摄影，甚至消退了清理回味的兴致。可是，我们对旧照片的窥视欲久盛不衰，难道，非得当那岁月梳篦过的残照，零星如梳齿上的断发时，我们才能懂得珍惜，生发出琴弦般颤动的情愫么?

以往，害怕走进书店，是因为总觉得那陈列出的新书，有许许多多都应该抓紧购买，而自己囊中羞涩，欲壑难填——甚至仅仅是站在书店的橱窗前，便有一种受到特殊强刺激的感觉，怦然心动，难以自持；常常是，进去时拼命告诫自己不得癫狂，而出来时却囊空如洗，

抱着一大包书，踽踽独行在长街之上，因为连乘公共汽车的钱也没留下，步行抱书回家真乃苦难的历程。

及至回到家中，洗手沏茶，仰坐观书，那一份悠哉游哉的劲头，嘻，亚赛小神仙!如今呢，害怕走进书店，是因为那些花花绿绿的出版物，虽然呈现着满坑满谷之势，不像以往那样隔着柜台，大半还得有劳售货员取拿，可以随意自选，浏览听便，可是，竟往往很难遇上一两本想买下的书，甚至带去打算购书的费用，竟有花不出去的苦闷；终于淘出购得数种，打“的”回到家中，照例洗手沏茶，倚在沙发上展读，那纸张没得说是雪白挺括的，装帧得也颇称“雅皮”，但仅是头一章，便几乎每页都有别字蹦出，如沙石硌牙，好不扫兴!

书中毕竟有人生，人生毕竟一部书；书林杂芜，仍要耐心从中淘出善本精品，人生诡谲，仍要坚韧地追求活着的真谛。

冬去春来，朋友打来电话，兴奋地报告，他那窗外的晴空中，出现了多年不见的南来雁群，一会儿呈一字，一会儿呈人字，跃然翩飞，引出他心中酽酽的诗意，多年不曾写诗的他，一时竟挥就了五首新作!放下电话，我也久久不能平静。我们的生命中最辉煌的时刻也只有那么一段。这都很像北国的春天，会飘然而至，绣出万紫千红，却又匆匆而去，甚至伴随着阵阵沙风，在你不经意时，已然落红满地。现代人里，谁还会像林黛玉那样哀伤地葬花?一时间你会觉得有许多俗众熙熙攘攘，无情地在你跟前践着落花去追名逐利，于是惆怅，你喟叹。

但是，我鼓励自己，也劝告别人，像我那朋友一样，诗意地看待生命，看待青春，看待成败得失，看待生关死劫；需知，有一种春天是永存的，那便是从心灵滋生出来的，大雁跋涉般的豪情。

1.作者在开篇强调“旅行之乐，在起点，在终点，更在那前往中的沿途浏览”，文中第二、三、四段的哪些内容具体体现了人生旅途中的“浏览”？

2.结合文章内容，简要阐释“书中毕竟有人生，人生毕竟一部书”，这句话的深刻含义。

3.从全文看，第六段“朋友打来电话”这件事，好像扯远了，能否删去？如果不能，请谈谈理由。

4.著名作家刘心武一直很注重遣词用语，此文也不例外，尤其是文中的一些动词运用得恰到好处。请在文中A、B、C、D四处任选一例动词，结合具体内容简析它的妙处。

5.结合本文和自己的生活经历，谈谈你对题目“春从心出”的理解。

参考答案：1、①在没有演出的剧场，从心灵里，演绎出一幕又一幕的活剧。②对旧照片窥欲久盛衰。③以往和如今买书的不同经历。

2、①人生如书，书如人生。②人生诡谲，犹如书林杂芜。③人生要追求活着的真谛，犹如要从书林中淘出善本精品。

3、①内容上：这件事启示人们要热爱生命，感悟生活，诗意地看待生活。②结构上：起过渡作用；深化了作者的思考，引起了议论。

4、如：动词“蹦”字运用了拟人的手法形象生动地表现了这些错别字出现是多么的生硬刺眼，像石头一样硬邦邦地挡住了我们的视线，破坏了我们阅读的兴致。

5、我们要理智地面对青春，面对生活，珍惜青春，珍惜生活，让每一天都生活得有意义，让青春在心灵中永驻。（引用原文——诗意地看待生命，看待青春，看待成败得失，看待生关死劫；需知，有一种春天是永存的，那便是从心灵滋生出来的，大雁跋涉般的豪情）

没有一种冰不被阳光融化

①在我的故乡，高考中榜很不容易。一年中有一两个人如愿以偿，就很好了。我高考的第一年名落孙山，从此一蹶不振，整天浑浑噩噩，像一棵蔫了的草。一张没有带给我荣耀的成绩单将我隔离在理想世界之

外。当时我一气之下想撕毁课本，认命与庄稼为伍，从此不再读书。父亲一直是乐观的，他没有责怪我，默默地拉住我的手，说："孩子，别这样，东方不亮西方亮，人活一世，三十年河东，三十年河西，没有过不去的坎，再复读一年吧，哪里的土地不长庄稼!"

②我内心深处用消极的生活态度筑起的壁垒被父亲的安慰一点点瓦解。我的父亲就像一头永不知疲倦的黄牛，一边在生活的阡陌上耕耘着那几亩并不肥沃的土地，一边在生命的田野上扶持我这样的因一时的风雨而倒伏的庄稼。

③在父亲的关爱下，我拿起书本，加入到复读的行列之中。送我上学那天，父亲特意刮了胡子，将脸洗得干干净净，穿了一身平时舍不得穿的新衣服，我知道他是想用这种新的面貌来鼓励他的儿子重新开始。父亲一直没有说话，只在我上车时说了一句："你肯定能行!"车开动了，车窗外九月的阳光将父亲结实的身影照耀得格外高大，我鼻子一酸，泪水几乎掉下；但我强忍着没有让脆弱的泪水掉下来。父亲如此相信他的儿子，我还有什么理由不自信呢?

④高三的学习是很紧张的，每当想偷懒时，我总是不由得想起父亲的那句话"你肯定能行"!于是奋起，埋头苦学。那年冬天，期末考试我考得并不怎么理想，回到家里我如实相告自己的成绩，父亲说没事的。有一次在河边放牧，累了，我和父亲坐在河边的一块大石头上，父亲抽烟，埋头，一脸的心事。看着河面上结得厚厚实实的冰，父亲突然问我，"你知道冰是什么时候开始融化的?"不知道他为什么要问这么简单的问题，脱口而出，"天气变暖，气温升高的时候。"父亲笑了，一脸的执著，"不，孩子，你错了。冰看似在一夜之间融化，但实际上是在很早以前，从最冷的那一天起，冰就开始融化了，只是没人注意到。你的失败不就是暂时的寒冷吗?没有一种冰不被阳光融化，只要你自信，失败就会像冰似的被阳光融化。"……

1.给文中加点的字注音，并写出两处划横线的词语在文中的含义。

(1)A.蔫（　　）B．呵护（　　）

(2)A.我知道他是在小心地呵护着儿子可怜的自尊。

可怜：

B.扶持我这样的因一时的风雨而倒伏的庄稼。

风雨：

2.第①段中划横线处是生活中常用的俗语，父亲引述它，用意是什么?请你从所熟悉的现、当代文学作品中(课内外皆可)，选写出一句与文中引述的俗语意义相似的名言来。

用意：

写出的名言是：

3.请分析下面句子的表达特点。

我的父亲就像一头永不知疲倦的黄牛，一边在生活的阡陌上耕耘着那几亩并不肥沃的土地，一边在生活的田野上扶持我这样的因一时

的风雨而倒伏的庄稼。

4.本文没有结尾，文中的“我”历经生活的磨炼，在父亲的引导下，后来获取了怎样的成功与人生感悟?请联系上文，展开想象，续写一个结尾。（不超过60个字）

参考答案：1、(1)A.蔫(niān) B.呵(hē)

(2)A.可怜：内心消极，意志脆弱。 a风雨；遭受挫折。

2、鼓励儿子走出困境．看到希望。意思接近即可。写出的名言只要意思符合规定要求即可。

3、运用比喻手法显得形象生动。记叙、抒情融为一体。

4、要求与上文衔接紧密，想象合理，语言有文采。

“种”出石油

①据科学家粗略估算，全球绿色植物每年产生的碳氢化合物可达300亿吨以上，只要将这些植物进行高压、高温加工，就能够制造出和

石油成分相近的产品。目前。全球绿色植物储存的能量，大约相当于8万亿吨煤或8万亿吨石油。可以说，植物是一座巨大的储油库。

②科学家研究发现，可用于制造石油的植物品种很多，不少乔木、灌木、海藻等含有极为可观的天然炼油物质。美国科学家选用了千余种最富生产能力的水藻进行实验，从其体内提取类脂化合物，以化学的方法进行处理，从而转变成汽油和柴油。前苏联的科学家经过引导性的实验进一步证实，从锯末中也可以提炼出人造石油，这种植物能源比传统的石油和煤具有更多的优越性。首先，它便于就地生产利用，省却了远距离输送，因而成本比较低廉；其次，植物能源在燃烧过程中，一般不会形成有害物质，它所产生的二氧化碳也易于被植物吸收，对保护生态环境非常有利。

③众所周知，石油是多种碳氢化合物组成的混合物，许多植物也可直接产生碳氢化合物。倘若能够以适当的方法把这些碳氢化合物提取出来，我们就可以得到所谓的“绿色石油”。诺贝尔化学奖得主、美国的卡尔文教授，在一个人工石油植物种植场，种植了一种名叫“尤加利”的树木。这种树木的茎和种子中均含有这种可燃物质，1000平方米土地每年产5桶“绿色石油”，每桶成本仅20美元，而当时每桶石油的价格是30美元。他的成功，推动了全球的石油植物研究。

④资料表明，美国现已拥有一个上百万平方米的能源植物速生林，英国已批准兴建一个石油植物园，瑞士已经制定出一个利用植物石油取代全国半数石油消耗量的计划。可以说，用不了多久，人类将“种”出石油。

1.阅读本文后，说说石油为什么可以“种”出来？

2.“种”出来的石油有哪些优越性?

3.为说明植物能源开发的经济价值，文中画线句子（　　）运用和

（　）的方法。

4.本文第②段中的“进一步”一词能否删去?为什么?

5.下列说法，对本文内容理解正确的一项是（　）

A.各国研究进程表明，绿色植物能源将很快取代石油能源。

B.实践证明，开发绿色植物能源对生态环境没有任何危害。

C.众所周知，地球上几乎所有植物都可以直接产生碳氢化合物。

D.目前，英国、美国、瑞士在绿色植物能源开发方面已走在世界前列。

参考答案：1、因为不少植物都含有极为可观的类脂化合物，从中可以提取人造石油。

2、点出成本低、利于环保即可

3、列数字和作比较

4、不能删去。因为之前已有科学家研究发现了不少乔木、灌木、海藻等含有极为可观的天然油物质，前苏联科学家是在这个基础上证实了这一发现。“进一步”表现了说明语言的准确性。

5、D

“沙漠明珠”珠光渐暗

①和莫高窟同称为敦煌两大奇观的月牙泉有“沙漠明珠”之称，但由于干旱缺水和人为因素的影响，月牙泉水位在不断下降，这颗“明珠”珠光渐暗，甚至有消失的危险。

②敦煌市鸣沙山月牙泉管理处提供的水文实测资料表明，1960年月牙泉水域面积为22.3亩，最大水深7.5米；1986年水域面积为13.3亩，最大水深4.2米；目前水域面积只有9亩，最大水深仅1米左右。

③兰州大学资源环境学院教授张明泉23日在此间举行的干旱气候变化与可持续发展国际学术研讨会上说，月牙泉是敦煌区域地下水在地面的自然露头，是整个地下水系统的一个组成部分，月牙泉接受着区域地下水的补给。然而，由于人类活动等原因，敦煌地下水位不断下降，月牙泉水位也随之下降。

④地处中国西北的敦煌曾长期依靠疏勒河、党河等河流的上游来水补给地下水，上世纪50年代以来，随着上游水库的修建，这些河流相继出现断流，敦煌地下水失去了补给来源。随着经济的发展，敦煌需水量在不断增加，目前全市每年要抽取4000多万立方米地下水，造成地下水超采严重。

⑤为了保住月牙泉，现在每年需要回灌500余万立方米的河水。尽管如此，根据测量表示水位每年还在以 15厘米左右的速度下降。

⑥专家认为，从长远来说，严格控制地下水开采，使敦煌地下水位得到回升，是解决月牙泉之水位下降问题的根本途径。同时，有关部门还应考虑进行跨流域调水，以进一步缓解敦煌水源短缺的局面。

⑦月牙泉位于敦煌市区以南约5公里处，四面被鸣沙山环抱，流沙

与泉相隔仅有数十米。这里地处亚洲中部的大沙漠之中，年均降水量在40毫米左右，但蒸发量高达2480多毫米。在这种极端干旱和强烈蒸发的气候条件下，月牙泉却能保持数千年不干涸，这更增添了她的神奇。

1.用一句话概括本文给我们的关键信息。

2.从全文看，第①段中提到的“人为因素”表现在哪些方面？

3.根据你的感受，说说文中第②段的表达作用。

4.如果请你结合第②段中的内容在第⑤段的段末补写一句话，你写的内容是：

5.本文列举数据讲究用语的分寸且富于变化，请在第⑦段中找出四个例子。

6.月牙泉身处沙漠而能数千年不干涸，请根据本文内容阐释其原因。

参考答案：1、“沙漠明珠”月牙泉面临干涸危险（或“月牙泉有消失的危险”或相近的表述）

2、第一，在上游修建水库造成河流相继断流，使敦煌地下水失去了补给来源；第二，随着经济的发展，敦煌地下水超采严重 。

3、这一段的表达作用是用数据表明月牙泉面积不断缩小，水位不断下降（或其他概括的准确的表述））

4、如果按这样的速度继续下降，不出10年，月牙泉就可能彻底干涸（与之相近的表达也可）

5、约5公里　数十米　40毫米左右　2480多毫米 。

6、月牙泉是敦煌区域地下水在地面的自然露头，是整

个地下水系统的一个组成部分，它因为有区域地下水的补给而不干涸（与之相近的表达也可）

敬畏生命

①弘一法师圆寂前，再三叮嘱弟子他的遗体装龛时，在龛的四个脚下各垫上一个碗，碗中装水，以免蚂蚁虫子爬上遗体后在火化时被无辜烧死。看弘一法师的传记，读到这个细节，总是为弘一法师对于生命深彻的怜悯与敬畏之心所深深感动。

②高中时候，我家后院的墙洞里经常有大老鼠出来偷吃东西。不知为什么，我的心里产生了一个残酷的想法，悄悄地躲在墙边，趁老鼠出来的时候，拿开水烫它，结果，一只大老鼠被滚烫的开水烫着后惨叫着缩进了墙洞，我不知道它有没有死，但那时我并没意识到自己的残忍，因为“老鼠过街，人人喊打”，在人类的心目中老鼠似乎

有一千个应该死的理由。然而，引起我内心最大触动和自责的还是在两个月后：我在后院又看到了那只大老鼠，它还活着，只是全身都是被烫伤之后留下的白斑，最让人痛苦和不安的是，它居然还怀着小老鼠，腆个大肚子，动作迟钝地在地上寻觅着食物，我无法表达我那个时候的心情，我只觉得“生命”这个词在我的心中突然凸现得那么耀眼，只觉得我曾经有过的行为是多么的卑劣和龌龊。这种感觉，在别人眼里也许会显得很可笑，但是，对我来说，就是从那个时候起，我逐渐地感受到了生命的意义和份量。

③其实，也只有我们拥有对于生命的敬畏之心时，世界才会在我们面前呈现出它的无限生机，我们才会时时处处感受到生命的高贵与美丽。地上搬家的小蚂蚁，春天枝头鸣唱的鸟儿，高原雪山脚下奔跑的羚羊，大海中戏水的鲸鱼等等，无不丰富了生命世界的底蕴，我们也才会时时处处在体验中获得“鸢飞鱼跃，道无不在”的生命的顿悟与喜悦。

④因此，每当读到那些关于生命的故事，我的心中总会深切地感

受到生命无法承受之重，如撒哈拉沙漠中，母骆驼为了使即将渴死的小骆驼喝到够不着的水潭里的水而纵身跳进了潭中；老羚羊们为了使小羚羊们逃生而一个接着一个跳向悬崖，因而能够使小羚羊在它们即将下坠的刹那，以它们为跳板跳到对面的山头上去；一条鳝鱼在油锅中被煎煮时却始终弓起中间的身子，是为了保护腹中的小鳝鱼；一只母狼望着在猎人的陷阱中死去的小狼而在凄冷的月夜下呜咽嗥叫。其实，不仅仅只有人类才拥有生命神圣的光辉。

⑤有时候，我们敬畏生命，也是为了更爱人类自己，丰子恺曾劝告小孩子不要肆意用脚去踩蚂蚁，不要肆意用火或用水去残害蚂蚁，他认为自己那样做不仅仅出于怜悯之心，更是怕小孩子那一点点残忍心以后扩大开来，以致驾着飞机装着炸弹去轰炸无辜的平民。

⑥确实，我们敬畏地球上的一切生命，不仅仅是因为人类有怜悯之心，更因为它们的命运就是人类的命运：当它们被杀害殆尽时，人类就像是最后的一块多米诺骨牌，接着倒下的也便是自己了。

1.请概述本文的主要观点。

2.第②段中说“这种感觉，在别人眼里也许会显得很可笑”，“这种感觉”指什么？为什么在别人眼里会显得很可笑？

3.请概括说说第④段通过写什么表现了什么？

4.第⑤段关于丰子恺的故事印证了文中哪种议论或观点？（答案可用文中原句）

5.狼、老鼠、毒蛇、蝎子等——这是一些会给人类造成伤害的，令人恐惧、厌恶的动物。对于这类生命，是消灭之？宽容之？还是保护之？你赞成哪种做法？请谈谈你的看法。

参考答案：1、生命是神圣的（具有神性的光辉）。敬畏生命，才会获得生命的顿悟与喜悦；敬畏生命，不仅仅因为人类有怜悯之心，更是关注人类自身的命运，爱人类自己。

2、怜惜老鼠。因为在人们眼里，老鼠是可憎的、该死的，所以，作者的自责心情，会让别人觉得可笑。

3、通过写动物们为了生命的延续而付出无私的奉献和感人的爱，表现了生命的神圣（生命神圣的光辉）。

4、我们敬畏地球上的一切生命，不仅仅是因为人类有怜悯之心，更因为它们的命运就是人类的命运。（如用自己的话回答，大意对亦可。）

5、消灭之：这些动物给人类造成伤害，人们为了保护自己，去消灭它们，也是很自然的，是无可指责的。宽容之：虽然这些动物给人类造成伤害，但它们也是自然界中的生命，也具有生命的神圣性，应宽容之。保护之：每一物种都有存在的必要性，为了保持大自然的生态平衡，那些数量减少的物种，还须保护之，如某些毒蛇。（赞成哪种做法都可以，只要言之成理即可。）

给人生加个意义

那是一所很有名望的大学。从我的演讲一开始就不断地有纸条递上来。纸条上提得最多的问题是——“人生有什么意义?请你务必说真话，因为我们已经听过太多言不由衷的假话了。”

我念完这个纸条以后台下响起了掌声。我说你们今天提出的这个问题很好，我会讲真话。我在西藏阿里的雪山之上，面对着浩瀚的苍穹和壁立的冰川，如同一个茹毛饮血的原始人，反复地思索过这个问题。我相信，一个人在他年轻的时候，是会无数次地叩问自己——我的一生，到底要追索怎样的意义?

我想了无数个晚上和白天，终于得到了一个答案。今天，在这里，我将非常负责地对大家说，我思索的结果是人生是没有任何意义的！这句话说完，全场出现了短暂的寂静，如同旷野。但是，紧接着就响起了暴风雨般的掌声。

那是我在演讲中获得的最热烈的掌声。在以前，我从来不相信有什么“暴风雨般的掌声”这种话，觉得那只是一个拙劣的比喻。但这一次，我相信了。我赶快用手做了一个“暂停”的手势，但掌声还是绵延了若干时间。

我说，大家先不要忙着给我鼓掌，我的话还没有说完。我说人生是没有意义的，这不错，但是——我们每一个人都要为自己确立一个意义！

是的，关于人生意义的讨论，充斥在我们的周围。很多说法，由于熟悉和重复， 已让我们——从熟视无睹滑到了厌烦。可是，这不是问题的真谛。真谛是，别人强加给你的意义，无论它多么正确，如果它不曾进入你的心理结构，它就永远是身外之物。比如我们从小就被家长灌输过人生意义的答案。在此后漫长的岁月里，谆谆告诫的老师和各种类型的教育，也都不断地向我们批发人生意义的补充版。但是有多少人把这种外在的框架，当成了自己的标杆、并为之下定了奋斗终身的决心？

那一天结束讲演之后，我听到有同学说，他觉得最大的收获是听到一个活生生的中年人亲口说，人生是没有意义的，你要为之确立一个意义。其实，不单是中国的年轻人在目标这个问题上漂浮不定，就是在美国的著名学府哈佛大学，有很多人在青年时代也大都未确立自己的目标。我看到一则材料，说某年哈佛的毕业生临出校门的时候，校方为他们做了一个有关人生目标的调查，结果是27%的人完全没有目标，60%的人目标模糊，10%的人有近期目标，只有3%的人有着清晰长远的目标。25年过去了，那3%的人不懈地朝着一个目标坚韧努力，成了社会的精英，而其余的人，成就要相差很多。

1.本文的中心论点是什么？

2.作者为什么认为“人生是没有任何意义的”？

3.文中结尾列举的事例有什么作用？

4.请简要阐述怎样的人生才有意义，然后举例并作简要分析。

参考答案：1、给人生加个意义（或“人生是没有意义的，你要为之确立一个意义”）。

2、(1)因为人生的意义往往是别人附加的，不一定就纳入自己的心理结构。 (2)大多数人基本上目标模糊或是没有目标。

3、强调人生要有目标，没有目标或目标不明确是很难取得成功的。

4、有理想，有抱负，能够造福于社会的人生才有意义。如：周恩来从小就树立了“为中华崛起而读书”的远大理想，并为之坚持不懈地奋斗。（若举其他事例，言之有理即可）

做一个终身读者

①读者是一个美好的身份。

②在很大程度上，人类精神文明的成果是以书籍的形式保存的，而读书就是享用这些成果并把它们据为己有的过程。做一个读者，就是加入到人类精神文明的传统中去，做一个文明人。历史上有许多伟大的人物，在他们众所周知的声誉背后，往往有一个人所不知的身份，便是终身读者，即一辈子爱读书的人。在某种意义上，一个民族的精神素质也取决于人口中高趣味读者的比例。

③然而，一个人并不是随便读点什么就可以称做读者的。在我看来，一个真正的读者应该具备以下特征：

④第一，养成了读书的癖好。

⑤也就是说，读书成了生活的必需，真正感到不可缺少，几天不读书就寝食不安，自惭形秽。如果你必须强迫自己才能读几页书，你就还不能算是一个真正的读者。当然，这种情形决非刻意为之，而是自然而然的，是品尝到了阅读的快乐之后的必然结果。事实上，每个人天性中都蕴涵着好奇心和求知欲，因而都有可能依靠自己去发现和领略阅读的快乐。

⑥第二，________________________。

⑦世上书籍如汪洋大海，再热衷的书迷也不可能穷尽，只能尝其一瓢，区别在于尝哪一瓢。读书是一件非常私人的事情，喜欢读什么书，不论范围是宽是窄，都应该有自己的选择，体现自己的个性和兴

趣。其实，形成自己的阅读趣味与养成读书癖好是不可分的，正因为找到了和预感到了书中知己，才会锲而不舍，欲罢不能。没有自己的趣味，仅凭道听途说东瞧瞧，西翻翻，连兴趣也谈不上，遑论癖好。针对当今图书市场的现状，我要特别强调，千万不要追随媒体的宣传只读一些畅销书和时尚书，倘若那样，你绝对成不了真正的读者，永远只是文化市场上的消费大众而已。须知时尚和文明完全是两回事，一个受时尚支配的人仅仅生活在事物的表面，貌似前卫，本质上却是一个野蛮人，唯有扎根于人类精神文明土壤中的人才是真正的文明人。

⑧第三，有较高的读书品位。

⑨一个真正的读者具备基本的判断力和鉴赏力，仿佛拥有一种内在的嗅觉，能够嗅出一本书的优劣，本能地拒斥劣书，倾心好书。这种能力部分地来自阅读的经验，但更多地源自一个人灵魂的品质。当然，灵魂的品质是可以不断提高的，读好书也是提高的途径，二者之间有一种良性循环的关系。重要的是一开始就给自己确立一个标准，每读一本书，一定要在精神上有收获，能够进一步开启你的心智。

只要坚持这个标准，灵魂的品质和对书的判断力就自然会同步得到提高。一旦你的灵魂足够丰富和深刻，你就会发现，你已经上升到了一种高度，不再能容忍那些贫乏和浅薄的书了。

⑩能否成为一个真正的读者，青少年时期是关键。经验证明，一个人在这个时期倘若没有养成读好书的习惯，以后再要培养就比较难了，倘若养成了，则必定终身受用。青少年对未来有种种美好的理想，我对你们的祝愿是，在你们的人生蓝图中千万不要遗漏了这一种理想，就是立志做一个真正的读者，一个终身读者。

1.作者认为，一个真正的读者应该具备以下特征：第一，养成了读书的癖好。第二，（　　），第三，有较高的读书品位。

2.阅读第②段，请你用事例论据来支持作者这一论断。

3.第⑦段中“尝其一瓢”是比喻说法，在文中具体指什么?

4.第⑦段中，作者把图书市场上的某些人称为“野蛮人”。这些人的具体表现是什么?(用原文中的话回答)

参考答案：1、形成自己的阅读趣味。

2、略。答题要求：所写必须是历史上伟大的人物，必须是做为终身读者的身份。

3、指有选择地阅读。

4、追随媒体的宣传只读一些畅销书和时尚书。

图书在版编目（C I P）数据

校园阅读类活动指导手册 / 石岚君编著. -- 长春 :
吉林出版集团有限责任公司，2013.11(2020.11重印)
ISBN 978-7-5534-3287-8

Ⅰ. ①校… Ⅱ. ①石… Ⅲ. ①阅读辅导一青年读物
②阅读辅导一少年读物 Ⅳ. ①G252.17-49

中国版本图书馆CIP数据核字(2013)第226729号

校园阅读类活动指导手册 石岚君 编著

出 版 人： 齐 郁
责任编辑： 孙 婷 田 璐
封面设计： 大华文苑（北京）图书有限公司
版式设计： 大华文苑（北京）图书有限公司
法律顾问： 刘 畅
出　　版： 吉林出版集团股份有限公司
发　　行： 吉林出版集团青少年书刊发行有限公司
地　　址： 长春市福祉大路5788号
邮政编码： 130118
电　　话： 0431-81629800
传　　真： 0431-81629812
印　　刷： 北京兴星伟业印刷有限公司
版　　次： 2013年11月 第1版
印　　次： 2020年11月 第3次印刷
字　　数： 158千字
开　　本： 710mm×1000mm 1/16
印　　张： 12
书　　号： ISBN 978-7-5534-3287-8
定　　价： 35.00元